Elio A. Gallego García

Conservatismo

Elio A. Gallego García

Conservatismo

BIBLIOTHECA HOMO LEGENS
© Editorial IVAT S.L. 2025
Calle Nicasio Gallego, 9
28010 Madrid
91 005 35 54
www.homolegens.com

ISBN: 978-84-19349-94-1
Depósito legal: M-10482-2025

Prólogo: Higinio Marín Pedreño
Diseño de cubierta: Álex H. Poles
Maquetación: Pablo Larrocha

Impreso en España - Printed in Spain

Índice

A Ángel Herrera Oria,
maestro de espíritu

Prólogo

El lector está ante un texto de filosofía y teoría política poco preocupado por los tópicos prejuiciosos que domestican nuestras mentalidades, ya sean progresistas o conservadoras, al menos en su sentido más usual.

Se trata, en efecto, de una obra contracorriente, y si el lector no lo nota es seguro que él mismo navega contra viento y marea. En circunstancias más o menos parecidas, cuando alguien califica alguna intervención como «valiente», me quedo preocupado adivinando los peligros que ni siquiera he previsto que acechaban. Espero que no le ocurra lo mismo al autor si digo que estamos ante un libro *valiente*, y que lo es filosófica, intelectual, histórica y políticamente, como me dispongo a proponer.

La claridad como método: lo cortés obliga a lo valiente.

Es valiente en lo *filosófico* porque despliega sus argumentos haciendo de la claridad oficio. Decía Ortega que la claridad es la cortesía del filósofo, y aunque no necesita justificación, lo cierto es que podría parecer que la claridad forma parte de la condescendencia del filósofo para facilitar la comprensión. El pensador relajaría el esfuerzo intrínseco del idear comprensivamente para un devenir claro mediante el trabajo extrínseco de la claridad en la expresión.

Es obvio que ese sentido de la claridad puede formar parte de la comunicación pública de la filosofía y del pensamiento: es su dimensión retórica. Pero, seguramente, Nietzsche comprendió mejor la dimensión retórica del pensar cuando aseguró que la claridad es el lujo que solo puede darse la profundidad. Sólo lo profundo —o, si se quiere, lo interesante— sobrevive a la claridad y puede *exponerse* sin resultar obvio o tautológicamente insignificante. De ahí que la exigencia de claridad como *exposición* de lo dicho y del que lo dice es también un ejercicio de valentía. Así que la filosofía tolera mal la claridad que es mera redundancia porque su falta de interés queda *expuesta*, de modo que, a veces, a falta de interés, enmascara su redundancia en complejidad. Pero incluso cuando la complejidad es imprescindible, lo es por amor de la claridad.

En cambio, lo esencial requiere de la claridad porque solo su nitidez trasluce las profundidades difíciles a las que conduce: como al agua cristalina que deja entrever fondos apenas accesibles. Entonces, el lector sabe que esa claridad se deja habitar y profundizar porque es más inasible y prometedora que obvia. Hay, pues, una claridad extrínseca, y otra que es resultado del esfuerzo por pensar lo real y *exponerlo*, por presentarlo con la nitidez de lo que *queda expuesto*, al mismo tiempo lo dicho y el que lo dice. En este sentido, la claridad tampoco es mera cortesía, sino que es lo que la reflexión teórica se debe a sí misma y lo que debe lograr, es decir, es el *método* del pensar que quiere hacerse justicia y hacer justicia a la realidad. La claridad intrínseca no solo da a los argumentos consistencia huesuda, sino que expresa su naturaleza pública, es decir, expuesta a la discusión.

Así que el genuino teorizar la realidad, y mucho más la realidad de lo político, es un exponer que se expone, esto es, que se despliega del todo y sin ocultaciones, mostrando la arquitectura argumental que lo sostiene. Cabe decir, pues, que la claridad es el método del pensar en otro sentido que el cartesiano: como el logro y el esfuerzo simultáneo por la profundidad y la comunicabilidad de lo que se sabe. Un esfuerzo —y un logro— que es metódicamente valiente, al menos en el sentido de que solo nos cabe asegurar el esfuerzo, mientras que el logro más bien nos sobreviene.

En todos esos sentidos *Conservatismo* es una obra valiente: se lee con la atractiva fluidez de lo que se hace comprender con nitidez, sin escapatorias entre claroscuros, así que expone lo esencial de su posición sin disimulos. De modo que el autor se expone fiándolo todo a la consistencia argumental de su propuesta que queda entregada a la discusión. Ciertamente, el lector agradecerá esa cortesía del autor con forma de claridad, pero más aun la integridad del argumento y del pensar mismo que esa claridad manifiesta: en la ideación teórica de la realidad, lo cortés obliga a lo valiente.

Pero es valiente también *intelectualmente*, es decir, en el contexto actual de las discusiones teóricas y públicas sobre lo político. Hasta hace bien poco, el mero hecho de comparecer como conservador en espacios académicos, institucionales, mediáticos o editoriales era sencillamente infamante. Si además se declara que el sustrato esencial del conservatismo es el sentido *religioso,* y se entiende por tal el reconocimiento agradecido de que la vida es una deuda de la que se siguen deberes con los mayores, con el territorio y la civilización recibidas como heredad, entonces, esa valentía es más bien arrojo corajudo, porque ni siquiera entre conservadores cabe esperar anuencia general.

Y es que el conservatismo de Elio Gallego requiere, me parece a mí, de un *pathos* que es más antropológico y cultural que politológico. La prueba tal vez sea la centralidad de la *piedad* como institución —como *hábito del corazón*, diría Tocqueville— que sirve de fulcro entre las dimensiones fundantes y las institucionales de lo político. Por eso, su conservatismo no se deja encerrar ni se reconoce como una ideología, pues su vínculo con los bienes de los que cuida la política es lo que da relevancia a lo político, y no al revés. De ahí que tampoco tenga un vínculo intrínseco con una u otra forma de régimen político. De hecho, dando continuidad al pensamiento político clásico, nuestro autor propone al respecto de los regímenes políticos que solo síntesis prudenciales entre lo monárquico, lo aristocrático y lo democrático podrían reunir las condiciones variables que requiere cada momento y sujeto político.

Se comprenderá que por lo mismo merezca el calificativo de valiente una reflexión contemporánea sobre lo político que pone a la familia en el centro del debate. Un debate que necesariamente no es solo ideológico sino antropológico, metafísico e histórico-cultural. Así que el conservatismo del que se habla en este libro no es una mera posición político-ideológica que quiere homologarse y salir de su endémico complejo de inferioridad moral. Se trata, más bien, de lo medular de nuestra tradición expresándose con la aspiración de una actualidad política perdurable, también —y, sobre todo— en medio del hiperfuturismo progresista de nuestros días.

De la demolición del pasado a la crisis del futuro.

Todo lo anterior aboca a la tercera forma de valentía en *Conservatismo*, la histórica, que se sustancia en dos tesis de escala *epocal* distinta. En la primera nuestro autor asegura que vivimos todavía en la época abierta por la revolución de 1789, y que nuestro presente no resulta inteligible sin concebirlo como el último giro en la revuelta revolucionaria contra el pasado. Y la segunda estriba en señalar al constitucionalismo español del 1978 un adanismo —típicamente revolucionario— con pretensiones *constitutivas* no ya del régimen, sino del propio sujeto político al que daba forma.

La consideración de nuestra actualidad política, cultural y antropológica como la última secuencia de un movimiento iniciado en las fuentes de la revolución y su repudio de todo antecedente significativo, implica la asociación del Estado moderno con dicho espíritu revolucionario. Y de ahí que la revisión crítica de los supuestos revolucionarios incluya también la revisión de los supuestos del Estado moderno y sus derivas más recientes. Derivaciones tales como las culturas de la cancelación o la declaración de meros deseos como derechos, y que, desde esta perspectiva, merecen más la calificación de hiper modernas que las de post o tardo modernas.

Esa estacionalidad histórica del presente en relación al tiempo de la revolución presta también inusitada actualidad a sus críticos, y entre todos ellos al pensador británico Edmund Burke, al que nuestro autor se remite con predilección. En particular, para asumir la idea de que la necesaria renovación era una certeza compartida entre los partidarios de la Revolución y sus opositores, que no se distinguían como partidarios del cambio o de la inmovilidad, sino como rupturistas o reformadores (auténtico se inauténticos, como se verá); y que, por tanto, lo que caracterizó a los revolucionarios fue la *vanidad* de pensar que la historia les había estado esperando para darse un comienzo digno a sí misma.

Ese adanismo de los mesianismos políticos futuristas, con el ideal del progreso como constante basal, sigue vigente —incluso después de las monstruosidades totalitarias que engendró— en el utopismo de una existencia feliz que los estados asistenciales conjugan con el capitalismo satisfactor y consumista. Lo sorprendente de esa masiva cancelación del pasado en favor del futuro utopista es que nos deja sin futuro, precisamente porque el presente para ser suficientemente actual se hace futurista, y, por eso mismo, incapaz de perdurar en el futuro salvo con la forma de lo *vintage*, de futuros envejecidos prematuramente y sin haberlo sido.

Esa característica crisis del futuro que tiene lugar por su reducción a la actualidad de un presente que repudia toda pervivencia esencial del pasado, se hace bipolar oscilando entre el utopismo quimérico de innovaciones tecnocientíficas del transhumanismo, y el pánico ante catástrofes naturales inducidas por el hombre. Bipolaridad de la que se procura salir mediante las ideologías y agendas de la sostenibilidad, que no pueden disimular que el futuro deseable no va más allá de un presente *sostenible* a perpetuidad. Todo lo cual se expresa en la crisis del futuro en su forma elemental, la biológica, con la crisis demográfica, que cursó en correlación con el repudio revolucionario del pasado.

La propuesta contenida en *Conservatismo* para afrontar este dislocamiento del tiempo pasa por la tradición como síntesis del pasado y el futuro en un presente habitado con la gratitud por lo recibido de los ya difuntos, y el compromiso con el legado destinado incluso a los todavía no nacidos. Como ningún órgano social es capaz de metabolizar esa síntesis temporal entre pasados y futuros remotos como la sociedad familiar, la crisis del futuro —y de los *pueblos* como sujetos históricos— tiene su arqueología comprensiva en la crisis de la familia; y más al fondo todavía, en la *pietas*, cuya multisecular representación describe a Eneas llevando sobre sus hombros a su anciano padre —que a su vez portaba los dioses de la *polis*— y de la mano a su hijo todavía niño.

Ese vínculo transgeneracional, es decir, la piedad como memoria esencial de la condición filial, es el núcleo del sentido religioso cuya traducción política se propone como el conservatismo. En efecto, para Elio Gallego, «el conservatismo es la expresión en el ámbito político del sentido religioso». Y si la piedad es su dimensión subjetiva decantada en las disposiciones, deberes y afectos de la gratitud, la tradición es su forma objetivada en costumbres, normas e instituciones propias. En esa perspectiva, la revolución es la abolición de la tradición y la sofocación de la piedad.

El futuro sin pasado y el experimento sin experiencia.

Sin la gratitud por lo recibido cuya antecedencia tiene siempre la condición de pasado, el futuro no se conserva como tal pues los proyectos, promesas y esperanzas se vuelven —para decirlo con Burke— vanidosos y dispuestos a *experimentos* que desoyen la *experiencia*, tomándose por capaces de la pura novedad. De ahí, la segunda tesis histórica a la que se aludió, y que es una consideración crítica del constitucionalismo de 1978 como *experimento*. Si no interpreto mal, para nuestro autor, su empeño bien intencionado de mirar hacia el futuro como si el pasado se pudiera orillar, dio forma a la Transición y a su través a las actuales derivas de la política española trufada de tópicos de solidaridad, aunque de hecho compuesta por dinámicas desintegradoras.

Pero, más allá de la claridad con la que se repiensa críticamente la Transición, con una nitidez realmente inusual en las posiciones no progresistas, aquí interesa porque en el contexto del radicalismo futurista de la revolución que abomina de toda forma de pasado, la idea de experimento toma los perfiles de una *praxis* creativa sin límites que pueda tomar por legítimos. Entonces la política misma se nos torna *experimento*, o como demasiado benignamente decimos, *ingeniería social*: la recreación anómica —sin límites— de la realidad del hombre desde el poder de los estados hibridado con los desarrollos científicos tecnológicos y sus metabolizaciones mercantiles en productos de consumo.

De esa naturaleza son, por ejemplo, todas las políticas estatalmente implementadas para suprimir las dependencias asociadas a los vínculos familiares y la transformación misma de la familia, los llamados derechos reproductivos sufragados por el Estado, el establecimiento de la autodeterminación de sexo, e incluso los llamados derechos sexuales de la infancia o el matrimonio homosexual. Pero también los pedagogismos que asolan la educación, los derechos penales unidemensionados por la reinserción del penado que casi deviene víctima del sistema social al que agredió, o los constitucionalismos de nueva planta, y toda clase de experimentalismos que suspendan cualquier antecedencia significativa. Antecedentes como le corresponde ser a la experiencia personal y a la comunitaria escanciada en las tradiciones, pero también a aquellas leyes de siempre y para todos en cualquier tiempo y lugar, y cuya existencia solo un radicalismo *vanidoso* menospreciaría.

Pero en el experimentalismo que suspende toda relevancia de la experiencia hay encerrado otro aspecto nuclear: la ideología como racionalidad política de matriz revolucionaria incuba un racionalismo que desatiende la inasibilidad de la praxis política y su diversificación según pueblos. Es propio del pensamiento ideológico pretender su autofundamentación a partir del racionalismo cerrado de su discurso, y que hoy apenas se resigna a declararse la traducción política de las certezas científicas. De ahí que orille la relevancia de la historia —como saber y como proceso constitutivo de las naciones— para la *razonabilidad* política.

El desafecto respecto de ese racionalismo con pretensiones de saturación de lo político es casi una emoción basal en el conservatismo, o, si se quiere, en el modo de pensar que reconoce en la acción política exigencias de *razonabilidad* no racionalistas. En política no se trata tanto de ser racional sin más, como de serlo con la forma de lo *razonable* según las circunstancias e idiosincrasias culturales, históricas, religiosas y morales. La razón política es, por tanto, una razón abierta al conjunto de las dimensiones significativas de la experiencia humana individual y conjunta.

Esa razonabilidad, cuyo nombre en la tradición del pensamiento occidental es *prudencial*, no pretende ser la traducción de evidencias científicas, aunque admite la exigencia de considerarlas según su alcance y límites propios. Y entre sus límites más decisivos se cuenta que la realidad de orden práctico y político no se deja considerar *more científico* o desde una racionalidad de transparencia autofundante, sino que implica entornos de incertidumbre irreductibles y variables decisivas de naturaleza idiosincráticas. En el gobierno político, como en cualquier toma de decisiones en entornos de incertidumbre irreductible, las decisiones se toman no tanto mediante ecuaciones racionales, sino a partir de disposiciones personales. Esas disposiciones conforman el carácter de los sujetos y sintetizan las creencias, las pasiones y afectos dominantes, las experiencias propias y las aprendidas, el grado de autodominio logrado, las flaquezas y las inclinaciones consiguientes a los propios hábitos, es decir, las virtudes y vicios.

El conservatismo no reivindica su posición política como la encarnación de las obligaciones e ideales morales de la humanidad, con el consiguiente e inevitable envilecimiento del adversario; eso es típico del progresismo persuadido de que ser progresista y hombre de bien es lo mismo. Más bien, lo típico del conservatismo es considerar que la ética es más amplia y no se agota en la política, y que esta tampoco se agota en la ética. Pero que, no obstante, los aspectos no políticos de la ética resultan decisivos al respecto de la comprensión de los problemas y asuntos políticos, y que los aspectos no éticos de la política afectan o pueden afectar las dimensiones éticas. De esa naturaleza fue, por ejemplo, la discusión abierta en Inglaterra nada más acabar la guerra sobre si la Sala de los comunes tenía que ser reconstruida fielmente o no. En aquel debate intervino Churchill a favor de la fidelidad en la reconstrucción, y recordando que, si bien nosotros hacemos nuestros edificios, no es menos cierto que después ellos nos hacen a nosotros. En palabras de Elio Gallego: «en el conservatismo la experiencia precede siempre al experimento».

Defender esa inagotabilidad de la política desde el pensamiento ideológico es hoy una forma de valentía política, porque supone que el propio discurso está dispuesto a prescindir de la resonancia y cobijo que ofrecen las languidecientes ideologías y sus sedes partidistas y mediáticas. La reflexión teórica genuina, como la desarrollada por Elio Gallego en este texto, tiene que estar dispuesta a esa soledad, que, además, solo podrá estar aliviada por una comunidad de solitarios. Pero tiene el rendimiento de que la propia voz no se confunda con los coros de reiteración del gusto de cada época. Por eso también, el lector va a comprobar que este libro es —como su autor— una valiosa referencia para la reflexión política contemporánea.

Higino Marín Pedreño
Rector Universidad CEU
Cardenal Herrera en Valencia

Introducción

Con ocasión del congreso celebrado en Colegio Mayor de San Pablo en Madrid los pasados días 20 y 21 de octubre de 2023, con el título «Conservatismo hoy», se suscitó una controversia en torno al término *conservatismo*, empleado por los organizadores, así como, de un modo mucho más profundo, por la cuestión relativa a qué significa «conservador» en términos políticos y cómo ha de interpretarse en nuestros días. Si se considera que se trata de un término que, en su acepción política, cuenta con más de doscientos años de historia, la pregunta acerca de por qué continuar con su uso es perfectamente legítima. En un mundo en permanente estado de transformación y cambio, ¿vamos a seguir con categorías políticas nacidas a principios del siglo XIX? ¿No es esto un poco absurdo? Porque, de ser así, habría que desprenderse igualmente del resto de los términos políticos hoy en uso puesto que todos tienen, más o menos, la misma datación que el término «conservador». Y no parece que ello sea posible. No obstante, creemos que la razón profunda de la vigencia del término «conservador» se encuentra en otra parte, se halla en la constatación de que la época que nació con la Revolución francesa permanece entre nosotros. La hipótesis mediante la que interpretamos nuestra realidad histórica es que lo que subyace en el trasfondo de los grandes trastornos, guerras y revoluciones que ha experimentado Europa en los últimos tiempos tienen, a nuestro juicio, su origen en la Gran Revolución de 1789. Pensamos con Balmes que «las causas no se hallan precisamente en la conducta de estos o aquellos hombres», que son más profundas y están en la raíz de las cosas, de modo que, cuando se atribuyen las causas de las convulsiones que sufre Occidente a una u otra circunstancia, se ignora que su mal procede de haber «tomado un violento veneno»[1]. Y ese «violento veneno», del que Europa y Occidente están por liberarse, es la Revolución que tuvo su momento inaugural en 1789. Ahora bien, si el conservatismo fue la respuesta mejor y más articulada a los profundos errores sobre Dios, el hombre y la sociedad inherentes al proceso revolucionario, es justo decir que la vigencia y actualidad de lo conservador está más justificada que en cualquier otro tiempo. Pues, de hecho, nos enfrentamos a un proceso revolucionario que no solo permanece presente entre nosotros, sino que, a nuestro juicio, ha alcanzado su culminación histórica con la derogación de la condición binaria hombre-mujer en la práctica totalidad de las legislaciones de los países occidentales. No hace falta estar en posesión de una poderosa intuición intelectual para entender que, con esta derogación, la Revolución alcanza su punto más elevado o más bajo, según se mire, por cuanto es el perfecto correlato invertido del Génesis: «hombre y mujer los creó».

Pero aún existe una derogación no menos profunda y fundante que la anterior y es la derogación de la paternidad, la desconstrucción simbólica e institucional de la figura del «padre». La Revolución es parricida por definición[2]. Y de ahí la plena coherencia de su

---

1   «Escritos políticos» V, en OO. CC., 31-32 (Biblioteca Balmes, Barcelona), p. 101.

2   En palabras de Nicolai Berdiaev: «El camino de la impía arbitrariedad del hombre lleva necesariamente al parricidio y a la negación de la patria. La revolución es siempre un parricidio» (*El espíritu de Dostoyevski*, Nuevo Inicio, Granada, 2008, p. 110).

lucha contra el «heteropatriarcado» y su esfuerzo por condensar en esta expresión toda la maldad existente, a su juicio, en el universo. Con su obsesiva fijación por señalar que el heteropatriarcado es el mal, la Revolución toma plena conciencia de sí misma y de su más íntima naturaleza, pues con ello se desvela el secreto motor que la movió desde un principio y emerge a la luz su raíz más profunda, y que no es otra que el rechazo a todo principio de paternidad y de filiación. Por eso, cuando san Pablo dice que «dobla toda rodilla ante el Padre, de quien toma nombre toda paternidad en el cielo y en la tierra» (Efesios 3, 14-16) explicita lo implícito de la Revolución. Es decir, que en su más profunda naturaleza la Revolución se define por el rechazo de la figura paterna por antonomasia, es decir, la de Dios, en particular en su dimensión creadora y providente. Así pues, ¿ante quién doblamos las rodillas? Porque aquí se juega la vida del hombre. El revolucionario dice con orgullo: no las doblo ante nadie. Pero ¿está realmente seguro de ello? Alguien dijo que cuando los altares quedan abandonados se pueblan de demonios, y quizá no estuviera exento de razón. Porque, en palabras de Eduard Spranger: «Quien ya no puede llamar suyo a un Dios, se entrega al diablo. Y su esencia no es una real indiferencia valorativa, sino una inversión valorativa»[3].

El conservatismo es, por definición, una propuesta de reconciliación, de restauración de vínculos. Si el rasgo más propio de un pensamiento revolucionario a la hora de interpretar la realidad es su carácter dialéctico, la mirada del conservador, en cambio, descansa en la

---

3   Cit. En Daniel Bell, *Las contradicciones culturales del capitalismo*, Alianza Editorial, Madrid, 2010, p. 161.

percepción de la íntima unidad de lo real, más allá de las contradicciones y luchas presentes en la vida. Sin negar lo que de real tienen estas contradicciones, el conservador afirma el trasfondo armónico de las cosas, la belleza y consistencia de un mundo pensado para constituirse en la casa del hombre. Y si ahora vemos la discordia extendida por todas partes, el conservador sabe que en el principio no fue así, que en la raíz de las cosas subyace la pacífica unidad de lo diverso. Y sabe, porque así se le ha dicho, y porque puede reconocerlo en su propia experiencia, que la primera forma de concordia original es la existente hombre y mujer e, igualmente, sabe que la segunda forma de unidad originaria es la constituida por los padres y los hijos. Qué sugerente resulta a este respecto que el Antiguo Testamento cierre con estas palabras del profeta Malaquías: «Voy a enviaros al profeta Elías antes de que llegue el Día de Yahvé, grande y terrible. Él reconciliará a los padres con los hijos y a los hijos con los padres, y así no vendré a castigar la tierra con el anatema» (3, 22-24).

Reconciliación entre padres e hijos que presupone una reconciliación previa y aún más fundante todavía, la de los hombres con la paternidad divina. Si bien, una y otra van de la mano. Como sugiere Daniel Bell, la religión «necesariamente supone la mutua redención de padres e hijos. Supone el reconocimiento en palabras de Yeats, de "los benditos que pueden bendecir, de la imposición de manos en la continuidad de generaciones"»[4]. El conservatismo posee de este modo una profunda dimensión religiosa y humana, sin que obste para

---

4   *Las contradicciones culturales del capitalismo*, ob. cit., p. 164.

que sus planteamientos y objetivos sean eminentemente políticos.

El conservatismo es la lucha política contra la ruptura entre las generaciones operada por la Revolución francesa. Lejos de la caricaturesca descripción de ser un intento imposible de retorno al pasado, lo que mueve al conservador es otra cosa, es la reconciliación del presente con su pasado, entendido este en términos de tradición e historia, y percibido como única garantía de futuro. Un grado de reconciliación que vendrá definido por el conjunto de instituciones, costumbres y leyes vigentes en un pueblo, es decir, por lo que, en un sentido aristotélico, cabría denominar como «Constitución».

Según la doctrina revolucionaria, existe un «poder constituyente» que considera a las naciones como si fueran una masa informe de individuos sin historia a la espera de alguien que tenga a bien diseñar una «constitución» con la que organizar su vida política. Teoría absurda, se mire por donde se mire, por cuanto si existe una nación es porque ya está *constituida* y, si está constituida, es porque tiene una *constitución*. En consecuencia, quien se propone llevar adelante un proceso constituyente sin partir de esta «constitución ya presente», en el caso de tener éxito, producirá un artificio que a modo de prótesis dificultará el desenvolvimiento natural de la nación. Eso, en el mejor de los casos. Porque en el peor, bien podría suceder que esa nueva «constitución» se convierta en un «violento veneno» cuyo efecto sea la desnacionalización de la nación. Y la primera consecuencia de una nación que pierde su nacionalidad es una caída drástica de la natalidad. Existe a este respecto un nexo causal entre nación y nacimiento que es menos misterioso de lo que a primera vista parece. Porque, más allá de compartir una misma raíz lingüística, para que un *pueblo* tenga niños y *pueble* una tierra tiene que hallarse en posesión de una fe sobre su propia identidad, una fe capaz de proporcionarle una razón de ser, una razón lo suficientemente poderosa como para vivir, luchar y perpetuarse. Por eso, sin nación no hay nacimientos. Porque toda nación descansa sobre una identidad constituida por las historias de los antepasados, con sus grandes gestas y acciones, una trama hecha de héroes cuyas vidas sirven de modelo ideal y emulación para las generaciones venideras, historias que, unidas a la urdimbre de tradiciones y costumbres sedimentadas por el tiempo, constituyen un patrimonio que hacen que traer hijos al mundo merezca la pena. Todo un patrimonio para el que la lengua latina reserva una de las más bellas y poderosas de sus palabras, la palabra *patria*.

Los Reyes Católicos son los padres fundadores de la Constitución de la España moderna. Y España no puede tener otra Constitución escrita que la fundada en este reconocimiento y en estrecha solidaridad con este origen. De no ser así, de existir una discordancia existencial entre la Constitución histórica y la escrita, la deriva desnacionalizadora de esta última será inevitable. Esta es la razón por la que instituir o restaurar este vínculo entre ambas «Constituciones» es la tarea política por excelencia para un conservador. Y no por difícil, menos ineludible. En esta tarea, verbos tales como adaptar, conservar y reformar no solo son necesarios, sino que son imprescindibles. Lo curioso es que la actual Constitución española del 1978 conserva y recoge todas las grandes instituciones de nuestra

Constitución histórica, pues basta considerar que por su articulado desfilan la Monarquía; las Cortes; el matrimonio y la familia; la pluralidad de territorios históricos; los derechos fundamentales y las libertades básicas e incluso la Iglesia católica. Pero, al mismo tiempo, todas estas instituciones originarias se han vuelto, sin embargo, irreconocibles, se hallan por completo desfiguradas por cuanto han perdido su nexo con su fuente y origen. «Cuando las palabras pierden su significado, el pueblo pierde su libertad»[5] señalaba Confucio haciendo honor a su fama de sabio. Y, para confirmar la sabiduría de estas palabras, pensemos por un momento en nuestra monarquía, y preguntémonos: ¿no raya lo grotesco, además de doloroso, ver hasta qué punto ha quedado jibarizada la figura del rey, cuando a este se le considera tan solo como un mero elemento decorativo y protocolario de unas decisiones y leyes gubernamentales a las que, según el consenso dominante, no puede sino acatar con ciega obediencia y firmar mecánicamente, sin importar cuál sea el contenido de tales decisiones y leyes? Para la opinión dominante, la posición del rey es tan miserable que ni aun el fuero de la conciencia se le concede. Por fin hemos comprendido que la doctrina de la «irresponsabilidad» del rey no era para situarle por «encima» de las contingencias políticas, sino que, por el contrario, su sentido y funcionalidad consiste en ponerle muy por debajo de la clase política de turno, al dejarle reducido a una instancia meramente maquinal y sin alma de expedición de firmas. Triste destino el de a quien se le

---

5 Cit. en Hayek, *La fatal arrogancia. Los errores del socialismo* (vol. I, 3.ª edición, Unión Editorial, Madrid, 2010, p. 177).

pone en situación de tener que firmar incluso aquellas leyes que son contrarias a la ley divina o disolventes de la propia nación, para cuyo servicio se instituyeron y juramentaron los reyes. ¿Estamos condenados a esta degradación de la monarquía española? No necesariamente. En opinión de Balmes, el día en que los reyes sepan cumplir con su deber y el aventurero político de turno «se encuentre cara a cara con la persona de un monarca que le sepa decir: "No firmo, no juro, ahí está mi cabeza, tomadla si queréis"», ese día, continúa Balmes, se habrá acabado con esta situación tan degradante[6]. Pero ¿y si ningún monarca es capaz de asumir este riesgo? Lamentablemente, habría llegado el momento de preguntarse si no sería acaso preferible una república verdadera a una falsa monarquía. Eso, sin contar con que los hechos mismos no se encarguen de arrumbar una monarquía que se ha tornado una institución inútil.

Si ahora pasamos a considerar el destino de las Cortes, este no resulta tampoco muy favorable. ¿Qué decir de unas Cortes que, de representación social *ante* el Poder, se han constituido ellas mismas en la fuente (teórica) de todo Poder bajo el pomposo nombre de «sede de la soberanía»? Diríase que se ha pasado del derecho divino de los reyes al derecho divino de los parlamentos, sin solución de continuidad. Pero, al igual que en las monarquías absolutas, el poder de los reyes era, por lo usual, más nominal que real, pues quien de hecho solía detentar el verdadero poder eran *otros*, esto es, validos y cortesanos, ¿no sucede acaso lo mismo con los actuales parlamentos que nominalmente

---

6 «Escritos políticos», II, en OO. CC., 25-26, p. 107.

detentan un poder absoluto, cuando en realidad el verdadero poder se halla en *otro sitio*, en este caso, en las oligarquías de los partidos políticos que lo controlan y manejan?

Por lo ya expuesto, queda claro que el conservatismo está muy lejos de ser una forma de conformismo. Pero, un planteamiento así, ¿no le conduce acaso a la utopía, a pretender algo ucrónico que es, de suyo, irrealizable? ¿No es pretender acaso el retorno a un pasado que, por definición, no puede volver? Asumir estas objeciones sería equivalente a pensar que si alguien, en un momento de su vida y por las razones que fuere, ha perdido la fe en Dios, ya no está en condiciones de recuperarla porque eso sería volver al pasado. ¿No sería este un argumento absurdo? Pues lo mismo cabe decir de un pueblo. Nada impide, por principio, que un pueblo pueda, en cualquier momento, volverse a aquellos principios que están en su constitución originaria y con los que se hizo grande y próspero. Es más, no solo *puede*, sino que *debe*, al menos en la medida que no haya renunciado por completo a su voluntad de existir y de permanecer en la Historia. Lo utópico, lo irreal, es pensar que un pueblo puede pervivir sin una conexión existencial con las raíces históricas de las que ha nacido. Pero esta desconexión es, en esencia, la pretensión más característica de toda política progresista.

No extraña, por tanto, que el antagonista del conservador sea el progresista. Y, sin embargo, se entendería mal este antagonismo si fuese visto como una mera relación dialéctica con la que una ideología se opone simplemente a otra. El conservatismo, como es obvio, no se opone al progresismo porque rechace el progreso de los pueblos, o porque sea simplemente «antiprogresista». La razón por la que el conservatismo se opone al progresismo es porque este conduce a la nada a las sociedades que lo asumen, porque su final inevitable es el nihilismo. Y de ahí que, cuando Daniel Bell define con acierto el nihilismo como «la voluntad consciente del hombre de destruir su pasado y controlar su futuro»[7], el conservador sabe lo cerca que están progresismo y nihilismo, y hasta qué punto el uno conduce al otro.

El conservatismo político tiene como finalidad la *salvación* de una comunidad política, por cuanto sabe qué cosas corrompen y destruyen a un pueblo y qué cosas lo preservan e intenta actuar en consecuencia. Pero sabe también, y al mismo tiempo, que se trata de una salvación relativa y temporal, de modo que no pretende ser una respuesta total y definitiva a la pregunta por la vida y su destino. En este sentido, el conservatismo es consciente de constituir una respuesta política limitada a un tiempo y unas circunstancias históricas, que no son otras que las surgidas con la Gran Revolución. Por eso, cuando el proceso revolucionario llegue a su final histórico y las sociedades retornen a formas de vida tradicionales, el conservatismo habrá cumplido su misión y desaparecerá como propuesta política. Lo que no obsta, sin embargo, para que el conservatismo político descanse sobre profundas raíces morales y teológicas, consciente de que, detrás de toda gran cuestión política, hay una cuestión teológica, como bien sabía Donoso Cortés. Y de ahí que el conservador tenga muy presente que, a diferencia del pensamiento ideológico, la política

---

7 *Las contradicciones*..., ob. cit., p. 18.

no puede ni debe suplantar a la religión, pero tampoco prescindir de ella. Es más, reconoce que la religión posee un estatuto de orden superior y que, como con insistencia repetía Balmes, no será la política la que salve a la religión, sino que será la religión la que salve a la política[8].

---

8 Estrictamente hablando, *solo Dios salva*. A este respecto, resulta interesante mencionar lo señalado por san Juan Crisóstomo cuando advierte que no está en poder de los cristianos salvar lo que ya se ha corrompido, pero sí, en cambio, conservar las cosas que Cristo ha salvado de la corrupción con su poder. «De nada sirve echar sal a lo que ya está podrido. Su labor no fue esta; lo que ellos hicieron fue echar sal y conservar, así, lo que el Señor antes había renovado y liberado» («Sal de la tierra y luz del mundo», en *Homilías sobre el Evangelio de san Mateo*, 15, 6-7).

I

Señalaba Epicteto que, en cuestiones de doctrina, conviene comenzar considerando los nombres (*initium doctrinae sit consideratio nominis*) y es lo que nos proponemos en estas primeras reflexiones acerca de los términos «conservador» y «conservatismo». Y lo haremos comenzando por este último término, determinado por el sufijo *-ismo* y que remite, por tanto, a las ideas de doctrina, escuela o corriente social o de pensamiento. Si bien, antes de cualquier otra consideración, surge una primera cuestión terminológica, a saber, ¿por qué se ha optado por «conservatismo» y no por el más habitual y aceptado en España de «conservadurismo»? Sin obviar que la elección de uno u otro término tiene mucho de discrecional, cabe alegar en favor de la expresión conservatismo que este término se halla mucho más próximo a su origen en lengua latina (*conservator*) que conservadurismo, además, es un término que más bien parece derivarse no tanto de «conservador» como de «conservaduro», palabro que, se interprete como se interprete, suena evidentemente mal. Si tenemos en cuenta ambas consideraciones, la de su proximidad al original latino y la malsonancia del sufijo *-durismo*, hacen que, a nuestro juicio, sea preferible utilizar el término «conservatismo», admitido por otra parte por nuestra Real Academia, y no el más común de «conservadurismo». Asumiendo, claro está, que se trata de una cuestión de preferencia, pero esta nos parece al menos tan legítima como la otra. No hay, pues, razón alguna de anglofilia por nuestra parte, sin dejar de considerar por ello que fue en el ámbito de habla inglesa donde la palabra conservador (*conservative*) arraigó de un modo particularmente hegemónico para designar las formas de pensamiento y las corrientes sociales y políticas vinculadas a posiciones de derecha y críticas con el radicalismo y la revolución. Y no solo eso, sino que, como tendremos ocasión de señalar en otro momento, el conservatismo, entendido como respuesta articulada a la Revolución francesa, nació en Inglaterra, por obra de Edmund Burke, si bien la acuñación del término conservador, con su significación política, tuvo su origen en Francia.

Si retornamos ahora a la palabra original latina e indagamos qué significa *servator*, de donde deriva la palabra *conservator*, comprobaremos que con este término se alude a las ideas de guarda, observancia y salvación[9], lo que combinado con el prefijo *con*, que remite a la idea unión o nexo, bien puede concluirse que *conservar* es la acción que preserva o guarda un vínculo entre dos o más elementos esenciales para la permanencia de una cosa en su existencia. Conservador remitiría, de este modo, a un principio activo o agente capaz de mantener los vínculos necesarios para la pervivencia de una cosa. Reflexiones estas que, si bien puede ser comprendidas en sí mismas, alcanzan, sin embargo, su más plena compresión cuando son referidas a otro u otros términos que le sirven de opuesto y con el que forman un par o dupla, de modo que en su contraste sus respectivos significados se completan y esclarecen. Así sucede, por ejemplo, con los términos latinos *magister-minister* o *pater-mater*. Procede, por tanto, preguntarse cuál sería el par opuesto y complementario a *conservator*. Y en seguida

---

9 Seguimos al diccionario Latino-Español Vox, Larousse Editorial, Barcelona, 2014.

aparecen un conjunto de palabras definidas por el determinante *-des* o *-di*, como *dissolutio, destructio* o *deformatio*. Todas ellas susceptibles de ser contrapuestas a la idea de conservación. Pero, a nuestro juicio, la palabra que en latín se opondría más claramente a *conservator*, y con el que formaría un par de sentido-oposición, es el término *corruptor*. Uno y otro termino —conservador y corruptor— están determinados mediante el prefijo *-co(n)*, por lo que ambos aluden, como ya se ha dicho, a la existencia de dos o más elementos vinculados y constitutivos de una cosa, pero en tanto que en el término *conservación* se significa la guarda o preservación de ese vínculo constitutivo y, por tanto, de la cosa misma; en el caso de la corrupción se significa su contrario, es decir, la ruptura o quiebra de dicho vínculo y, por tanto, la consecuente perdición o disolución de la cosa.

Ciertamente, de esta etimología latina no cabe deducir connotación política alguna, no al menos directa e inmediatamente. Y, sin embargo, cuando estalle la Revolución en 1789 y con ella nazcan casi todas las categorías políticas dominantes hoy, es decir, «derecha»/«izquierda», «liberal»/«conservador», «reaccionario»/«progresista», amén de los términos «socialismo» o «comunismo», la elección del término «conservador» no será por entero arbitraria. Y no lo será porque con dicho término se aludirá a la ruptura de un vínculo de la máxima relevancia para la vida de los hombres y de los pueblos, a saber, el vínculo existente entre el presente y el pasado. La Revolución, antes y sobre cualquier otra cosa, entraña la simbolización de la ruptura con la tradición, la quiebra del nexo vital e histórico del presente con su pasado. En cuanto al término «conservador» en su acepción política, existe un amplio consenso en situar su origen en la Francia de la Restauración, y más en concreto en la edición de la Revista de orientación legitimista *Le Conservateur* en 1818, si bien cabe mencionar la existencia del denominado *Senado conservador*, establecido en la Constitución del año 1799. Ahora bien, que el termino surgiera en Francia no implica que lo hiciera la «cosa» designada con dicha palabra; y puesto que lo normal es que un nombre designe una realidad previamente existente, hay que sospechar que cuando surge una palabra nueva o ya existente, pero que sin embargo ha sufrido un cambio en su significación, es porque ha surgido una realidad hasta ese momento desconocida o inexistente. Y aquí lo nuevo se halla en la floración de diversas posiciones políticas que toman su causa en el acontecimiento revolucionario, que rasgará la historia de Francia y de Europa en un «antes» y un «después». Acontecimiento que obligó, y aún hoy obliga, a los hombres y los pueblos a posicionarse de un modo o de otro frente a la Gran Revolución. Unos a favor, con todos los matices, grados y formas que se quieran; y otros en contra, igualmente con sus matices, grados y formas. Y no hace falta decir que entre estos últimos se halla el conservatismo. De hecho, bien puede concluirse de la subsistencia de dichos términos políticos, a pesar de los mil y un intentos de prescindir de ellos durante los dos últimos siglos, confirma que la etapa histórica inaugurada por la Revolución francesa no ha concluido, y que nuestra época permanece bajo su signo. En palabras de Augusto del Noce, «la Revolución con mayúscula y sin plural es el evento único, doloroso como el trabajo de parto, que funciona como pasaje del reino de la necesidad al de la libertad representado —como no puede ser de otra manera— a través de una simple negación de las instituciones y de las ideas del pasado»[10]. Pero si esto es así como creemos, el conservatismo mantiene igualmente toda su actualidad política en la misma medida que la tiene el hecho al que procuró dar respuesta, es decir, la Revolución.

---

10 En «Introducción» a *Gramsci o el suicidio de la revolución*, ob. cit., p. 47.

II

Ahora que todo está en vías de disolución, en palabras de Péguy, ¿es que hay algo que conservar? Se trata de una pregunta frecuente cuando se habla de ser conservador o de conservatismo. ¿Conservar, acaso, un *mundo de ayer* ya periclitado y en gran medida injusto y al que, por lo demás, es imposible volver? A estas preguntas u otras semejantes solo cabe dar una respuesta adecuada si previamente se adopta una posición que podríamos llamar «existencial» y que consiste en percibir lo real concreto como un legado, es decir, como un presente que se recibe en términos de bendición y ello a pesar de la parte indeseable que le pueda acompañar. Casi podría decirse que esta es una posición de principio, a modo de axioma, para todo conservador, y que es una verdad tan válida para el *mundo de hoy* como lo fue para el *mundo de ayer*. También hoy existe un mundo, que es de suyo bello y bueno, por salvar y conservar de todo aquello que lo afea y corrompe. Si ahora llevamos esta reflexión, quizá demasiado general o abstracta, a la concreta situación vivida en Francia en los prolegómenos de la Revolución, cuando los Estados Generales se «constituyeron» a sí mismos en «Asamblea Nacional», podrá entenderse mejor nuestra primera afirmación.

Ante hechos tan decisivos, cabe, en principio, adoptar dos posiciones básicas: una primera, la de quienes piensan que todo cambio constituirá una apuesta arriesgada, con más probabilidades de empeorar las cosas que de mejorarlas, una posición que bien puede llamarse «inmovilista». Y, una segunda, que estaría formada por los «reformistas», es decir, por la de aquellos que optan por acometer sin demora la reforma parcial o total del orden social y político vigente. Todo indica que la posición inmovilista en la Francia de aquel momento era minoritaria respecto de la reformista. «En Francia – pudo escribir a este respecto Burke— la opinión acerca de una Constitución libre era unánime. La monarquía absoluta tocaba a su fin. Exhalaba su último suspiro sin la menor queja, sin la menor resistencia, sin la menor convulsión»[11]. Lo decisivo se jugaba, por tanto, en la posición reformista, y es de aquí de donde nacen todas las complejidades, en el sentido de que lo decisivo no era reforma sí o reforma no, aspecto sobre el que existía un amplio consenso, sino en *cómo* y *desde dónde* debía acometerse dicha reforma. De modo que, en muchas cuestiones, no era tanto el *qué* o contenido objetivo de lo que había de reformarse lo que separaba a unos de otros como el «desde dónde» se debía acometer todo aquello que había de ser reformado. Y será esta divergencia en la posición del punto de origen lo que marcará el verdadero cruce de caminos, la encrucijada decisiva en la que los espíritus se iban a dividir desde entonces, dando lugar a las dos grandes fuerzas espirituales y políticas surgidas en aquel momento, la de liberales y conservadores. ¿Cuál es esa *posición original* que mueve y separa a unos reformistas de otros? Y la respuesta podría formularse así: los conservadores deseaban acometer cuantas reformas fuesen necesarias, desde la piedad y la reverencia debida a la obra de los antepasados; los liberales, en cambio, lo pretendían desde una posición vanidosa y de desdén hacia el legado histórico. Ciertamente, unos y otros veían y comprendían los defectos de la marchita

---

11 Burke, E., *Reflexiones sobre la Revolución en Francia*, Alianza Editorial, Madrid, 2003, p. 206.

monarquía absoluta, pero encararon su reforma con un espíritu completamente distinto. «No soy ajeno —confiesa Burke— a las faltas y defectos del Gobierno que ha sido derrocado en Francia, y creo que no estoy inclinado ni por naturaleza ni por sistema a hacer un panegírico de algo que sea justo y natural objeto de censura»[12]. La diferencia estaba en que Burke, y los verdaderos conservadores con él, entendían que solo desde una posición piadosa es posible proceder a una reforma, conservando lo que de bueno y verdadero posee lo presente. Pero ¿en qué consiste esta piedad, esta virtud poderosa que salva y conserva las cosas que se pretenden reformar en vez de destruirlas? Desde esta perspectiva, la piedad consistiría, ante todo, en una mirada *cordial* y benévola sobre las cosas, de modo que la vida y la historia son percibidas desde un agradecimiento profundo. Entendido así, *piadoso* es quien se sabe heredero, sin mérito alguno por su parte, de un legado que, pese a todas sus imperfecciones y sombras, constituye un presente valioso y digno de estima, que ha de ser respetuosamente acogido y mejorado para la siguiente generación. Ser piadoso es asumir que la vida, con todas las cosas que la hacen posible, ha sido dada sin ninguna razón de necesidad, es decir, gratuitamente y que, consecuentemente, nadie vive para sí mismo, porque nadie ha nacido de sí mismo. Y si la vanidad y el orgullo son inseparables, lo mismo sucede con la piedad y la humildad, por cuanto el piadoso está lejos de creerse mejor o más sabio, ni con más *luces* que aquellos que le han legado el patrimonio de una civilización que él no ha forjado. Se trata de una posición existencial que capacita al individuo para saber

---

12 *Ibid.*, pp. 195.

que, en muchas ocasiones, parafraseando a Pascal: «La tradición tiene razones que la razón individual, o incluso la de una generación entera, no entiende».

Los reformistas, movidos secretamente por la vanidad, en cambio, aun cuando procedan en su intención a la mera reforma de las instituciones, no pueden evitar abrir un proceso que es de suyo revolucionario, precisamente por su propia vanidad. ¿En qué consistiría dicha vanidad? Esta no sería otra que cosa que la presunción de pensar que se puede reconstruir una sociedad milenaria desde la propia razón, como un hospital tras un incendio. O pensar que el futuro está en poder del hombre, o que la historia se conduce necesariamente hacia una perfección moral y humana. Es igualmente vanidoso pensar que el mal es extirpable o que no llevamos un pecado de origen en nuestro interior y que el hombre se puede salvar a sí mismo. Resulta también fruto de la vanidad pensar que de la libre discusión emerge necesariamente la verdad, o que uno es libre cuando hace lo que quiere sin sujeción a un orden prexistente de las cosas. Como tampoco deja de ser vanidad creer que los sistemas políticos se construyen desde la sola razón o el mero acuerdo de voluntades, dando prevalencia al experimento sobre la experiencia; o que basta proclamar los *derechos del hombre* para que estos sean respetados y reconocidos. Y, sin duda, es vanidad creerse más sabio que los *padres*, y que una generación basta para saber qué cosas sirven al bien común y la prosperidad de una nación y cuáles no. Tampoco deja de ser vanidoso considerar que todas las generaciones han sido ciegas o vivido en la oscuridad hasta que la presente ha visto la luz y ha descubierto la libertad y la razón. Es vanidad, en suma, creer que solo existe en el cielo y en la tierra lo que es pensable por la sola razón individual y con ello, el entero racionalismo que hace de la razón del hombre la medida de todas las cosas.

La verdadera reforma, la reforma conservadora, por el contrario, es aquella que parte de una posición de reverencia y reconocimiento de la labor hecha por los antepasados. Sabe de las injusticias heredadas del pasado y se propone repararlas y corregirlas. El conservador no es ciego ante los males que necesariamente acompañan a toda obra humana y que van adhiriéndose sobre las instituciones como el óxido al hierro, pero sabe igualmente que, si esa reparación de las injusticias históricas se pretende o acomete desde el orgullo, la presunción o la vanidad de creerse superiores a los antepasados, o más sabios y justos que ellos, entonces esa reforma o será Revolución o será la antesala de la Revolución. Lo decisivo, por tanto, es *desde dónde* se pretende la reforma social y política. Porque es ese «desde dónde» lo que determinará su dirección y destino. Hasta el punto, quizá, que unos mismos hechos y acciones, incluso coincidentes en su materialidad, poseerán una significación por entero distinta y avanzarán por caminos divergentes. Y no es solo cuestión de «intención», que también, sino, insistimos, de la posición moral y espiritual del agente reformista. Solo desde el amor filial es posible que las reformas sean conservadoras de lo que se pretende reformar, en tanto que todo lo que no nazca de este espíritu de filiación será una acción necesariamente disolvente o, si se prefiere, revolucionaria. Los reformistas vanidosos convergen de este modo, aun quizá sin pretenderlo, con los revolucionarios y terminan siendo ellos mismos revolucionarios, aunque se tengan a sí mismos por «moderados» e incluso por «conservadores».

III

En sus escritos políticos no es infrecuente que, por la década de 1840, Balmes llame a los miembros del Partido Moderado «conservadores» y al mismo Partido Moderado como el Partido Conservador. No sorprende, por tanto, que procedente de dicho partido, de una facción al menos, acabara formándose el Partido Liberal Conservador, de Antonio Cánovas del Castillo. Pero con ello, el término «conservador» ha adquirido una ambigüedad quizá insalvable y que no puede soslayarse. Y esta ambigüedad no es otra que la de usar el término conservador tanto para designar a aquellos que se oponen a los principios que dieron origen a la Revolución francesa, como a aquella facción de quienes, aceptando los principios de la Revolución, optaron por una vía moderada en su aplicación. En un pasaje fundamental, es el propio Balmes el que señala la génesis de los tres partidos nacidos con la Revolución: uno, el propiamente «revolucionario» que no renuncia a los postulados maximalistas y a los métodos radicales y violentos para alcanzar sus fines; otro segundo, más pragmático y gradualista que el primero, pero que no dejará por ello de mostrarse firme en sus postulados de un cambio radical del orden social, y lo forma el partido progresista; y, finalmente, un tercer partido que se constituirá en el partido moderado, partido que en su propia denominación formula todo su programa de gobierno, un programa que podría sintetizarse de este modo: sí a los principios de la Revolución, pero con moderación. En palabras del pensador de Vic: «Con la palabra moderado se intenta comúnmente designar un partido que, sin abandonar los principios liberales, trata de aplicarlos con mesura y templanza»[13]. En un análisis de máximo interés, señala Balmes que, en un primer momento, en 1835, la distancia que separaba los dos partidos, el exaltado o progresista y el moderado, era muy poca. Sin embargo, en poco tiempo, continúa, el desacuerdo entre ambos había crecido hasta el punto de verse a sí mismos como partidos antagónicos. Nacidos de una misma matriz, la diferencia de «temperamento» les conducía a una evolución muy distinta, en especial al partido moderado, que se veía a sí mismo adoptando posiciones cada vez más conservadoras en algunos puntos esenciales. Finalmente, el partido moderado se constituyó en el partido del orden y sus dirigentes asumieron el papel de guardianes del régimen constitucional liberal, en aparente equidistancia entre la derecha carlista y la izquierda progresista. Eran el partido de «centro» o, si se prefiere, la derecha del liberalismo. Sea como fuere, en palabras de Balmes, los moderados se convirtieron en «los hombres de la situación», es decir, en los hombres llamados a gestionar el mundo social y político surgido tras la desaparición del «antiguo régimen», desde una política que podría llamarse «pragmática». Pero el resultado de esta evolución no estaba exento de un carácter paradójico, cuando no directamente contradictorio, pues si en un principio el partido moderado de 1833 «estaba destinado a moderar los ímpetus de una revolución osada en sus fines y violenta en sus medios, *el otro* (el partido moderado de 1844) *está destinado a conservar los intereses creados de una revolución consumada y reconocida*»[14]. Y así es como surgió un partido

---

13 «Escritos políticos» III, en OO. CC., 27-28, p. 226

14 *Ibid.*, p. 241.

conservador... de la Revolución. Rasgo este que ha podido ser igualmente imputable a la generalidad de los partidos conservadores del Viejo Continente. «El entero mundo moderno, se ha dividido en conservadores y progresistas —decía Chesterton en 1924—. La tarea de los progresistas está en cometer errores. La tarea de los conservadores está en prevenir que dichos errores sean corregidos»[15].

Unas décadas antes de estas palabras de Chesterton, otro inglés notable, John Henry Newman, había señalado, con su habitual perspicacia, que el carácter típico del hombre moderado se halla en que es reacio al cambio cuando este es demasiado rápido, pero es insensible y ciego a los procesos de corrupción cuando estos son lentos y graduales. El moderado no alcanza a entender, decía, que sin estos procesos de corrupción previos no habría lugar para las revoluciones[16]. Una incomprensión que, según Newman, puede explicarse por el apego que los moderados tienen por lo general a su posición social y que no quieren ver puesta en peligro. Son

---

15 «The whole modern world has divided itself into Conservatives and Progressives. The business of Progressives is to go on making mistakes. The business of Conservatives is to prevent mistakes from being corrected» (*Illustrated London News*, April 19, 1924).

16 «Los hombres moderados no están dispuestos a cambiar en asuntos civiles y temen las reformas y las innovaciones, por temor de que si van demasiado lejos correrían a un tiempo hacia grandes calamidades antes de que pudieran aplicarse un remedio. Lo imprevisto de una corrupción lenta no les alcanza. Las revoluciones en general son violentas y rápidas, ahora bien, de hecho, son el curso de una corrupción» (*Ensayo sobre la evolución de la doctrina cristina,* Universidad pontificia de Salamanca, 1998, p. 232).

«situacionistas», como señalaba Balmes, porque la situación ha terminado por resultarles favorable o, al menos, no perjudicial, a sus intereses personales, de modo que su objetivo es la conservación de un *statu quo* que por nada del mundo quieren poner en riesgo. Surgen así dos conservatismos no siempre fáciles de distinguir. De hecho, para cualquier observador que no conociera el interior de los corazones, entre el común de los profesores de Oxford y el Newman previo a su conversión a la Iglesia católica no existiría diferencia alguna, pues tanto aquellos como este eran amantes del orden y de las buenas costumbres inglesas, gustaban de las virtudes hogareñas y de las tradiciones, ¿qué era, pues, lo que les separaba? ¿En qué no coincidía el santo inglés con «los intachables caballeros ingleses amantes del orden y de su casa»? Newman lo tiene claro: ellos no amaban la verdad, no al menos como la amaba él.

«No creo que la mayor parte de los clérigos, ni la mayor parte de los habitantes de los *colleges*, los *Heads*, los *fellows* con todas sus buenísimas cualidades —hará decir al protagonista de su famosa novela *Perder y Ganar*— hayan buscado nunca la verdad»[17]. Para Newman, el auténtico principio conservador de todo orden social, político y religioso no puede ser otro que la verdad. Por lo que asumiría plenamente estas palabras de Jaime Balmes: «la verdad es la vida de las sociedades»[18], como lo es igualmente de las personas. A su juicio, de este desdén hacia la verdad y su indiferencia hacia las causas profundas de por qué las sociedades se corrompen y se pierden en revoluciones, es de dónde

---

17 *Perder y ganar*, Ediciones Encuentro, Madrid, 1994, p. 315.
18 «Escritos políticos» II, en OO. CC., 25-26, p. 115.

surge la ambigüedad inherente a la política moderada de los partidos de «centro», y lo que explicaría, igualmente, la ventaja ideológica que acompaña siempre a los partidos progresistas sobre los moderados, porque los primeros sí tienen una «verdad» que proponer, aunque sea falsa.

Con todo, y a pesar de esta desventaja de los partidos de centro sobre los más genuinamente progresistas, los moderados cuentan a su favor con el hecho de haberse constituido en los partidarios del orden y la legalidad, lo que no deja de resultar atractivo para una importante masa social, especialmente en tiempos de convulsión y desorden. El apoyo social de los partidos centristas estaría constituido así por un ciudadano medio que profesa un conservatismo sincero, aunque poco reflexivo. Es más, este conservador «inconsciente» tenderá a ver en los partidos de derecha que profesan un conservatismo contrarrevolucionario como una opción radical y poco conservadora, al presentarse como enemigos del orden vigente y partidarios de una subversión del estado de cosas existente. ¿Cómo salir de esta paradoja? A dar una solución política a esta cuestión es a lo que Balmes consagró su vida por entero.

La opción del pensador catalán fue la distinguir entre la masa social que apoyaba al partido moderado de su grupo dirigente. A su juicio, los jefes del partido serán siempre refractarios a cualquier entendimiento con el conservatismo surgido de su oposición a la Revolución, puesto que ellos sí son conscientes de ser sus continuadores y valedores, aunque disientan de las políticas más radicales o excesivamente prematuras o precipitadas de los progresistas. Políticas progresistas que, sin embargo, una vez consolidadas no tendrán inconveniente alguno en aceptar y asumir como propias, puesto que ya forman parte del «orden» social. Es por esto que la opción política de Balmes se centró en atraer a la masa social que apoyaba al partido moderado, al margen de sus dirigentes, mediante una tarea infatigable de persuasión, con el objetivo de hacer ver a este hombre medio que la carencia de profundidad, de ir a la raíz respecto a la verdad de las cosas que acompaña a la política moderada, hace de ella el principal aliado de todo proceso revolucionario y que esta deslealtad con la verdad no puede tener otro resultado, antes o después, que la muerte y la disolución de la sociedad en la que viven. Que es, precisamente, lo que una política verdaderamente conservadora desea evitar.

IV

Si el término «conservador», en su sentido político, fue acuñado en 1818 por el grupo de intelectuales legitimistas agrupados en torno a la revista *Le Conservateur*, ¿cuándo nació el conservatismo como hecho histórico socialmente reconocible? A esta pregunta ha respondido de un modo llamativamente preciso, aunque no exento de buenos argumentos, Lord Cecil: «Gráficamente, y sin hipérbole, puede precisarse el día exacto en que nació el conservatismo. El 6 de mayo de 1790, discutía la Cámara de los Comunes un proyecto de ley llamada Ley de Quebec y, cuando según la costumbre de aquella época, se procedía a discutir el proyecto artículo por artículo, se levantó Burke y empezó a pronunciar un discurso sobre los asuntos de Francia. No sin razón se le hizo observar que semejante tema era ajeno al objeto de la discusión... Por esto, cuando Fox, en la discusión de la moción incidental expuso sus puntos de vista favorables a la Revolución francesa y entró en el fondo de la cuestión, criticando la actitud de Burke, se desarrolló una memorable ruptura. Burke, con gran emoción, se lamentó amargamente de los términos en que se le había tratado: trató a Fox de desafecto y duro para con él y declaró que, aunque censurado por una parte de la Cámara y abandonado y desautorizado por la otra, entendía haber cumplido su deber y gustoso se ofrecía como víctima para el bien de su país, rompiendo toda amistad con Fox y toda cooperación con su partido... Desde entonces era manifiesto que la afinidad u hostilidad entre las tendencias políticas inglesas quedaría definida por su actitud para con los nuevos principios de los que la Revolución francesa era la primera y más violenta manifestación, y con la protesta de Burke, sacrificando sus sentimientos personales de amistad a la seguridad de su país, puede decirse que nació el conservatismo»[19].

Unos meses después de esta ruptura con su partido y su toma de posición contraria a la Revolución que estaba aconteciendo en Francia, dio a luz, el 1 de noviembre de 1790, a sus famosas *Reflexiones*, en forma de cartas en respuesta a un joven francés que le requirió su opinión respecto a tan transcendental acontecimiento. Su respuesta fue tan notable y ponderada, su capacidad de análisis de todos los aspectos sustanciales que se hallaban en juego tan asombrosa, unido todo ello a los pronósticos más certeros acerca de cómo habrían de precipitarse los acontecimientos, que tuvo como resultado que sus *Reflexiones* se convirtieran en una síntesis insuperable del pensamiento conservador mismo. Sobre su repercusión, baste consignar las numerosas ediciones de la obra de Burke que se sucedieron en su propio país, así como su rápida traducción y difusión a los más importantes idiomas europeos. Desde la filosofía y la cultura a la política más práctica y prudencial, Burke fue exponiendo toda una constelación de ideas sumamente coherente y sugestivamente expresadas. Nadie como él, en suma, supo poner en palabras todo un conjunto de sentimientos e ideas representativos de un amplio y, seguramente, mayoritario sentir político de las sociedades europeas.

El trasfondo filosófico en el que se enmarca todo su pensamiento político descansa sobre una idea de orden en sentido fuerte, metafísico. Nunca dudó Burke a este respecto de la existencia de un orden eterno, de

---

19 *Conservatismo*, Editorial Labor, Barcelona, 1929, pp. 33-34.

un mundo dotado de sentido. «Todos estamos sujetos a una ley preexistente —escribirá el político angloirlandés—, grande e inmutable, anterior a todos nuestros ardides y estratagemas, superior a todas nuestras ideas y sensaciones, anterior a nuestra existencia misma, que nos une y relaciona a las estructuras eternas del universo, al margen de las cuales no podemos existir. Esta gran ley no surge de nuestras convenciones o convenios, sino que, por el contrario, da a estos toda la fuerza y sanción que pudiesen tener. Esta ley no surge de nuestras vanas instituciones»[20].

En estrecha analogía con este orden del mundo, el buen orden político es aquel que se constituye sobre una *ley de sucesión* entre las diversas generaciones, que no es otra cosa que una solidaridad efectiva entre los que se fueron, los vivos y los que han de venir. Por esta ley sucesoria, los ingleses, dice, «siguiendo el modelo de la naturaleza, recibimos, conservamos y trasmitimos nuestro gobierno y nuestros privilegios, del mismo modo que disfrutamos y transmitimos nuestra propiedad y nuestras vidas [...]. Así, preservando el método de la naturaleza en la manera de hacer funcionar el Estado, nunca somos del todo nuevos en aquellas cosas que mejoramos; nunca somos totalmente obsoletos en aquellas cosas que retenemos [...]. Al escoger este sistema hereditario hemos dado a nuestra estructura política la imagen de un parentesco de sangre mediante el cual unimos la Constitución de nuestro país con nuestros más queridos vínculos domésticos, al incorporar nuestras leyes fundamentales al seno de nuestros afectos familiares.

---

20 Cit. en *The Philosophy of Edmund Burke; a Selection from his Speeches and Writings*, L. I. Bredvold y R. G. Ross, Michigan, 1960, p. 18.

De este modo hemos mantenido inseparables y hemos amado con el mismo calor y generalidad que ellos se han dispensado mutuamente, nuestro Estado, nuestros corazones, nuestros sepulcros y nuestros altares»[21].

La buena constitución política descansa, por tanto, en una especie de *ley sucesoria* que incorpora simultáneamente los dos elementos imprescindibles a todo orden social, el de la permanencia y el cambio. Pues bien sabía el pensador angloirlandés que «todos debemos obedecer a la gran ley del cambio». Lejos, pues, de cualquier tentación petrificante o inmovilista, el conservador asume la necesidad del cambio y de introducir mejoras como el mejor medio de conservar la sociedad. El conservador es un reformista en el sentido más propio de la palabra, por cuanto sabe de lo fácil que se deforman las cosas y de la necesidad que estas tienen de reforma permanente. Pero es igualmente consciente de que reformar no es transformar.

Llevadas estas premisas a un orden práctico, bien podrían traducirse en una idea básica, a saber, en *la preeminencia de la experiencia sobre el experimento*. A su juicio, en efecto, la edificación de un orden social nunca es el resultado un tratamiento *a priori*, «porque los verdaderos efectos de causas espirituales no son siempre inmediatos. Frecuentemente sucede que lo que en principio es dañoso produzca, a la larga, excelentes resultados; y también puede darse el caso de que la excelencia se deba a los malos efectos anteriormente producidos. Lo contrario también se produce: sucede con frecuencia que sistemas muy plausibles, que habían

---

21 *Reflexiones sobre la Revolución francesa*, Centro de Estudios Constitucionales, Madrid, 1978, p. 95.

empezado por obrar de un modo satisfactorio, tengan a menudo lamentables y vergonzosos finales. Hay con frecuencia en las comunidades oscuras y latentes causas, cosas que, a primera vista, parecen de poca monta y de las que depende, de modo muy esencial, una gran parte de la prosperidad o de las desgracias públicas»[22]. Y de ahí que la prudencia política descanse en una firme presunción en favor de aquellas cosas que en el tiempo han demostrado una funcionalidad razonable. Es, pues, la prudencia y no ningún romanticismo o sentimiento nostálgico del pasado lo que lleva a Burke a asumir como suyo el viejo aforismo procedente del derecho romano: *Vetustas semper pro lege habetur.*

De modo análogo a como el cambio pierde su poder destructivo y se convierte en una fuerza conservadora cuando se inserta en un orden adecuado de las cosas, la libertad alcanza su máxima bondad cuando encuentra su fundamento en el buen orden civil. Pues al igual que la libertad natural no precede a la naturaleza humana, sino que descansa en ella, la libertad civil o política no es anterior tampoco al orden moral o político, sino que nace con él y se reafirma o desaparece con él. La libertad civil, por tanto, se sostiene en un orden social bien constituido, en un equilibrio de leyes, instituciones y derechos sabiamente dispuestos. Y, con todo, requiere todavía de algo más, requiere de un mínimo de virtud: «Los hombres están capacitados para las libertades civiles —observa Burke— en la proporción exacta en que están dispuestos a poner cadenas a sus propios apetitos; en la proporción en que aman la justicia más que su propia codicia; en la proporción en que su cordura y su

---

22 *Ibid.*, p. 157.

sensatez en el juicio estén por encima de su vanidad y su presunción; en la proporción en que están más dispuestos a escuchar los consejos de los sabios y los buenos, en vez de los halagos de los bribones». Y concluye: «La sociedad no puede existir salvo que se sitúe en algún lugar un poder que controle las voluntades y los apetitos, y cuanto menos se ejerza ese poder desde dentro más tendrá que existir desde fuera»[23]. Anticipándose de este modo en más de medio siglo a la tesis que Donoso Cortés hiciera famosa en su célebre «Discurso sobre la dictadura», a saber: «que cuando el termómetro religioso está subido, el termómetro de la represión está bajo, y cuando el termómetro de la religión está bajo, el termómetro político, la represión política, la tiranía, está alta. Esta es una ley de la humanidad, una ley de la Historia»[24].

---

23 Burke, E., *Tres cartas sobre la Revolución francesa*, CEU Ediciones, Madrid, 2023, pp. 122-123.

24 Si bien «Discurso sobre la dictadura» es el título habitual con que se designa a la trascendental intervención de Donoso en el Parlamento español el día 4 de enero de 1849, uno de los mayores estudiosos de la obra de Donoso Cortés, José Antonio Pérez Ramos, insiste que, con mayor propiedad y tino, debería llamarse «Discurso sobre la libertad» por cuanto en él advierte Donoso de la llegada de un despotismo sin precedentes y la necesidad de que frente a él, se instaure una «dictadura» comisaria capaz de prevenirlo y pueda, de este modo, salvar la libertad en Europa.

V

Toda revolución supone una primacía del experimento sobre la experiencia, como se ha dicho. Y, en sentido contrario, ser conservador supone, de acuerdo con Oakeshott, «preferir lo familiar a lo desconocido, lo experimentado a lo no experimentado, el hecho al misterio, lo efectivo a lo posible, lo limitado a lo ilimitado, lo cercano a lo distante, lo suficiente a lo excesivo, lo conveniente a lo perfecto, la risa presente a la felicidad utópica»[25]. Es por ello por lo que, en su perspectiva conservadora, el poder político comparece como un poder limitado, circunscrito a su deber de custodia de una realidad social que él no crea ni define. Es un servidor de algo valioso y más excelente, al que se le ha encomendado su guarda y custodia. Es decir, es un poder meramente «conservador». Por el contrario, y, a poco que se considere, concebida la política y el ejercicio de gobierno al modo de un experimento que quiere ensayar la aplicación de una «idea», resulta ser un ejercicio de poder y no de cualquier poder, sino de un poder despótico. Porque ¿acaso existe un poder más despótico que aquel que se halla en condiciones de someter a experimento y transformación a toda una sociedad? Con razón pudo declarar Burke que los revolucionarios en Francia no trataban mejor a los franceses de lo que se trata a un conjunto de ratones en un laboratorio. Por eso, quien dice que su objetivo es transformar la sociedad —¿transformarla en qué?— se concibe a sí mismo como un demiurgo todopoderoso, llamado a dar forma

---

25 «Qué es ser conservador», en *El racionalismo en política y otros ensayos*, FCE, Méjico, 2000, p. 377.

a una arcilla informe, dúctil y susceptible de amoldarse a sus previsiones planificadoras.

Un poder revolucionario solo puede nacer y sostenerse por la *fatal arrogancia* de pensar que una nación no es más que un cúmulo de injusticias o de un pasado inservible, y que en su historia no existe nada digno ni valioso a lo que apelar con un mínimo de orgullo. De modo muy distinto procede el conservatismo en su ideal reformista: «Respetando a vuestros antepasados —escribe Burke— habríais aprendido a respetaros a vosotros mismos. No habríais considerado a los franceses como un pueblo recién llegado, como una nación vil de desdichados esclavos hasta la emancipación de 1789»[26]. Pasaje notable que ilumina en gran medida lo vivido en España con la transición política posterior a la muerte de Franco. Y me permito contar una experiencia personal al respecto. Con ocasión de la entrega de un premio a un insigne jurista y ensayista político, tomó la palabra un miembro del jurado para elogiar al galardonado y, al mismo tiempo, a toda la generación que hizo posible el cambio político en España en la década de los 70 del pasado siglo. Lo más reseñable de aquella generación de hombres comprometidos con la democracia fue, en su opinión, que «miraron hacia fuera y hacia adelante, y no hacia atrás ni hacia dentro». Palabras estas pronunciadas con el énfasis propio de quien cree que está expresando una gran idea, llena de sabiduría y audacia al mismo tiempo. Y debo reconocer que para mí estas palabras fueron extraordinariamente reveladoras. Pero reveladoras de dónde venían las carencias y defectos que han caracterizado el régimen constitucional de 1978.

---

26 *Reflexiones...*, ob. cit., p. 99-100.

Porque, ¿de verdad no había nada valioso de nuestro pasado que mereciese la pena mirar? Y en nuestro interior, ¿nada de lo que aprender? Entonces, ¿qué había sido España en su más que milenaria historia? ¿Un conjunto de desdichados esclavos a los que hay que perdonar que, al verse súbitamente libres de sus cadenas, «abusen de su libertad a la cual no están habituados ni para la cual están preparados»? ¿No sucedió, acaso, que, al verse tratado de esta manera, el español medio asumió que era así? Por desgracia, el advenimiento de la libertad política coincidió con un poderoso deseo de «liberación sexual», junto a una trágica escalada en el consumo de drogas, fenómenos uno y otro enmarcados en una deriva fuertemente hedonista de la sociedad española, que ya venía de atrás y que terminaron por marcar un camino en el que no solamente dejó de verse el nexo existente entre virtud y libertad, sino lo que es peor, se dio a entender incluso que la práctica de las viejas virtudes se hallaba inevitablemente asociada a modelos autoritarios negadores de la libertad política. El cambio político se convirtió de este modo en una transmutación total de todos los valores. España pasó a convertirse en una pornocracia, según la elocuente expresión acuñada por Joseph Proudhon, donde la promoción del divorcio, el aborto y la promiscuidad sexual se convirtieron en sinónimos de democracia y libertad. La pulsión obsesiva por homologarnos a «Europa», tan llena de complejos por otra parte, certificó un desarme moral de la sociedad española sin precedentes. Un desarme del que España está aún lejos de haberse recuperado.

Una opción conservadora hubiera tendido siempre a conciliar la mirada hacia el futuro y hacia fuera con una mirada hacia el pasado y hacia dentro, o, mejor, hubiera mirado hacia el futuro y hacia fuera *desde* de una fidelidad al pasado y *desde* un reconocimiento de la «constitución interna» de España, según la feliz expresión de Cánovas del Castillo. ¿Qué hubieran podido aprender los hombres de la reforma política de haber mirado hacia atrás y hacia dentro, sin dejar de mirar por ello hacia fuera y hacia adelante? Dos cosas fundamentales a nuestro juicio: una, la necesidad de un principio monárquico fuerte; y segunda, la importancia de la religión. Consideremos brevemente ambos principios.

Por poder monárquico fuerte debe entenderse la existencia de un poder unificador y centrípeto, capaz de contrarrestar las fuerzas centrífugas y disgregadoras que siempre existen en una sociedad. Este poder se ha identificado tradicionalmente en España con la Corona. Pero conviene en este caso distinguir entre poder monárquico y realeza. Porque bien puede considerarse un poder monárquico, en el sentido de poder unificador, la presidencia de la República en Estados Unidos o en Francia. Uno y otro son jefes de Estado, investidos con verdaderos poderes constitucionales. Frente a ellos, las *cámaras representativas son* —o están llamadas a ser— un contrapeso y un límite a dichos poderes. Y así ha sido tradicionalmente en España con la monarquía, identificada, ahora sí, con la realeza. Nuestros reyes han ostentado y ejercido siempre, a veces con contrapesos y otras veces no, un efectivo poder monárquico. Lo que no cabe es dejar a la Corona desnuda por completo de todo poder monárquico, porque, de hacerlo así, ¿quién ejercerá este poder unificador? Porque los reyes reinan reuniendo, pero para ello requieren de ese poder de reunir. Cierto es que el texto constitucional del 78 no expresa esta desnudez en modo alguno, sino más bien lo contrario, al consagrar al rey como moderador y árbitro de los poderes del Estado y como responsable de guardar y hacer guardar la Constitución. ¿No sería de sentido común entender que para desempeñar ambas responsabilidades deberá ostentar algún tipo poder suficiente para ello? Y, sin embargo, se ha permitido que la interpretación dominante sea la nuda existencia de poder alguno para nuestro monarca. Se ha optado por asumir que el rey está desnudo de todo poder. Pero, entonces, ¿quién vela por la unidad e integridad nacionales? No desde luego el Parlamento, que representa la pluralidad de ideas y partidos y que, en el caso concreto de España, acoge en su seno a fuerzas abiertamente separatistas. Pero tampoco el Gobierno, en cuanto es deudo del Parlamento, al no haberse separado debidamente el poder ejecutivo del legislativo, con el funesto resultado de que la formación de Gobierno puede suponer el cambio en la forma del Estado.

En cuanto al principio religioso, Balmes se hacía esta pregunta: «¿Qué debe hacer un gobierno con respecto a la religión? ¿Qué es lo que se le pide?». Y respondía: «Bien poca cosa: *que no destruya*»[27]. Una Constitución sabia para España debía haber procurado, en la medida de lo humanamente posible, claro está, evitar esta posibilidad de destrucción. Pero, en esto, la Constitución del 78 ha demostrado también su debilidad. Es evidente que en la preservación de la religión se hallan comprometidas muchas cosas. Pero, en el caso de España, una de ellas, y no la última, es la existencia misma de la nación. ¿Por qué? Porque España hunde sus raíces históricas en el cristianismo, y de ahí que forme

---

27 «Escritos políticos» I, en OO. CC., 23-24, p. 145.

parte irrenunciable de su «constitución interna». Por eso, Menéndez Pelayo pudo afirmar, sin temor alguno a equivocarse que, con la pérdida de la sustancia cristiana, «España volverá al cantonalismo de los arévacos y de los vetones o de los reyes de taifas»[28]. Esto es lo que le decía la historia a Menéndez Pelayo. ¿No se lo hubiera dicho igualmente a los hombres del 78 de haber estos mirado más hacia la historia y hacia dentro?

---

28 *Historia de los heterodoxos españoles*, BAC, Madrid, 1978, Vol. II, pp. 1037-1038.

VI

El conservatismo es la expresión en el ámbito político del sentido religioso. Por sentido religioso ha de entenderse la conciencia de que existe un orden superior a la voluntad humana, un fundamento preexistente de las cosas al que el hombre debe acatamiento y reverencia. No se habla aquí, por tanto, de una fe sobrenatural, sino de algo más elemental y humano, de una ley natural percibida por la razón en virtud de la cual el hombre recibe una orientación esencial hacia una verdad última. Se trata, en definitiva, de la virtud de religión que santo Tomás recoge en su *Suma Teológica* como parte integrante de la virtud cardinal de la justicia y distinta de la fe, que es resultado de la gracia divina. Importa retener esta distinción por cuanto la Revolución, a la que el conservatismo es su respuesta histórica, no buscó destruir tanto la gracia sobrenatural como el natural sentido religioso del hombre. Lógicamente, estamos intentando distinguir y no separar lo que en la realidad suele constituir un todo compacto. Y es evidente que, cuando los defensores de la tradición se irguieron contra la Revolución, lo hicieron bajo banderas y estandartes cristianos y confesionales, y no por un más o menos vago sentido religioso. Pero siendo esto verdad, a lo que apunta esta distinción entre sentido religioso y fe revelada, es a considerar la diferencia esencial entre dos momentos históricos y sus respectivas respuestas. El primero de ellos está signado por la lucha sostenida, sobre todo en siglo XVIII, por parte del racionalismo ilustrado para despojar al sentido religioso de toda dimensión sobrenatural. En este momento de la historia europea, el objetivo perseguido por el deísmo era despojar al

cristianismo de su dimensión dogmática y providencia-
lista y diluir así su carga de misterio, «purificándolo» de
todo elemento revelado y sobrenatural. En el siglo XIX,
en cambio, una vez acontecida la Revolución, el objetivo a batir será el sentido religioso mismo. Y, por eso,
el conservatismo, que es un fenómeno históricamente
postrevolucionario, tendrá por núcleo esencial, incluso
de modo inconsciente, la defensa del sentido religioso,
aun cuando lo haga en nombre de la fe cristiana de sus
mayores.

El sentido religioso puede ser expresado de muchas
maneras, pero nos parece que esta, tomada del *Senectute*
[7, 25] de Cicerón, lo hace de un modo paradigmático:

> Pero tampoco duda el labrador, aunque viejo,
> cuando le preguntan para quién siembra, respon-
> der: para los dioses inmortales, que no solamente
> quisieron que yo heredase esto de mis antepasa-
> dos, sino que aprovechase también a mis descen-
> dientes.

Esta concepción de la vida como una cadena ininterrumpida de un mundo heredado que ha de ser recibido, cultivado y transmitido devotamente constituye
la esencia misma del sentido religioso. Pero si esto es así,
el sentido religioso supone entender la vida en términos de *tradición*. De hecho, si la sociedad anterior a la
Revolución es religiosa y *tradicional*, no es porque se
hallase fijada a un contenido invariable de cosas, sino
porque se entendía a sí misma en términos de *tradición*,
es decir, en términos de una procedencia de carácter
vinculante. Según esto, la tradición no consiste esencialmente en preservar algo del pasado, sino en comprender que todo tiene un pasado y que no existe nada tan

radicalmente nuevo que no pueda o deba conectarse con su origen. Entendida así, la tradición se caracteriza como una autocomprensión de la vida, capaz de impregnarlo todo, de configurarlo todo. Desde el arte a la economía, y desde lo más personal a lo más público y social, ya que no hay nada que no sea susceptible de entenderse desde una idea de tradición. Pues siempre cabe preguntarse con san Pablo: «¿Qué tienes que no hayas recibido?». Es más, desde una metafísica tomista de la participación del ser, cabría incluso preguntarse qué se tiene que no se esté recibiendo *ahora*. Y de ahí la radical capacidad que la tradición, entendida como principio o idea, posee como fuerza configuradora capaz de establecer un *mundo*, una totalidad. Nunca se entenderá correctamente qué fue la Revolución sin entender que lo que fue abolido simbólicamente con ella es esta idea configuradora de la tradición, y no tanto un orden material de cosas e instituciones existente en ese momento histórico, que también. El fruto más logrado de la Revolución, por tanto, fue establecer un modo de entender la vida alternativo al tradicional. Y este modo de entender la vida, alternativo a la tradición y al sentido religioso, se condensa en una ideología muy concreta, la ideología progresista.

El progresismo es la ideología que encarna el espíritu revolucionario por antonomasia. Baste considerar que, para el progresismo, todo avance o progreso se realiza mediante una quiebra de lo precedente que, inmediatamente, se constituye en algo superado y, por tanto, carente de valor. Una concepción progresista de la vida entraña que cada estadio de la vida, entendida como proceso, posee su origen en sí mismo, sin conexión con algo anterior que sea fundante o determinante, en una dinámica incesante de destrucción creativa. Lo nuevo, por el mismo hecho de ser nuevo, desplaza lo antiguo y lo condena, convirtiéndolo en residuo de la historia, puesto que esta avanza necesariamente, más allá de sus irregularidades y contradicciones, de lo más imperfecto a lo más perfecto, y de lo inferior a lo superior. No hay nada que no pueda, y deba, ser superado o transcendido sin excluir la misma idea de transcendencia. El progresismo es la negación de la tradición. Pero si estamos en lo cierto, con esta negación de la tradición está supuesta la negación del sentido religioso. Así lo entendió, desde luego, Charles Péguy, cuando afirmó que «la religión del progreso es, con mucho, la mayor herejía moderna e irreligión». Y solo unas décadas más tarde, Simone Weil —la judía francesa luchadora infatigable en pro de los más débiles y sufrientes— pudo afirmar igualmente que la idea de progreso es «la idea atea por excelencia»[29].

El progresismo comparece, de este modo, como el antagonista existencial del conservatismo. Afirmación esta que, sin embargo, requiere ser bien entendida. Porque este antagonismo no consiste en la dialéctica de una ideología que se contrapone a otra, como dos fuerzas contrarias que se mueven en un mismo plano. Antes bien, el conservatismo es el opuesto del progresismo, por cuanto supone la negación del plano ideológico en el que se mueve el progresismo. Pues como bien pudo afirmar H. Stuart Hughes, «el conservatismo es la negación de la ideología»[30]. Y lo es porque, como se

---

29 *Verónica. Diálogo de la historia y el alma carnal.* Editorial Nuevo Inicio, Granada, 2008, p. 148.
   La gravedad y la gracia. Editorial Trotta, Madrid, 2007, p. 204.
30 Cit. en Kirk, R., *The Conservative Mind*, 7.ª ed., 2001, p. 474.

dijo al principio, la actitud conservadora es la expresión política del sentido religioso. La prueba de que la mentalidad progresista es un artificio intelectual, frente a un sentido religioso connatural a todo hombre, se halla en el carácter universal de este frente a aquella. Cuando Plutarco afirma que «es cosa más fácil fundar una ciudad en el aire que constituir una ciudad sin la creencia de los dioses», pone voz a la sabiduría de la Humanidad de todos los tiempos. En cambio, cuando el progresismo *imagina* que una sociedad no requiere en absoluto de un sentido religioso para su conservación y que, antes bien, el progreso de la humanidad consiste en liberarse de los viejos vínculos religiosos recibidos del pasado, habla exclusivamente por una parte pequeña de esa humanidad y aun esta, desde tiempos recientísimos. Esta y no otra es la gran disyuntiva de nuestro tiempo, la disyuntiva existente entre religión e irreligión y que, llevada a un plano político, se expresa en términos de conservatismo y progresismo. *Securus iudicat orbis terrarum*. La tierra entera juzga con seguridad, un principio asentado por san Agustín y que llevó a John Henry Newman a dar el paso definitivo a la Iglesia católica, y que comparece ahora con la misma fuerza persuasiva en favor del sentido religioso y de una posición existencial conservadora, en detrimento de la ideología progresista.

VII

No cabe afirmar que exista una filosofía concreta que sirva de fundamento a una posición política conservadora. Y la prueba está en que los conservadores han profesado las más diversas filosofías, desde una filosofía escéptica, como la que acompañó a David Hume, hasta la filosofía de los valores cultivada por un Max Scheler, sin olvidar corrientes filosóficas tan importantes en nuestro tiempo como el personalismo o la fenomenología. Eso por no mencionar a todos aquellos que siguieron cultivando posiciones filosóficas de raíz platónica o aristotélica, o simplemente eclécticas, como fue el caso de Jaime Balmes y de tantos otros. Las únicas filosofías incompatibles con un pensamiento político conservador son las filosofías progresistas de cuño racionalista. Y, a pesar de lo dicho, nuestra convicción es que no todas las filosofías fundamentan de igual modo y con la misma consistencia una posición política conservadora, y que algunas son más aptas para ello que otras. E incluso nos atrevemos a dar un paso más y sostener que el tomismo constituye la filosofía más ajustada al pensamiento conservador, muy por encima de cualquier otra. Y esto es lo que ahora nos proponemos demostrar.

La filosofía elaborada por santo Tomás descansa en una metafísica de la participación del ser como principio de todas las cosas y causa de sus distinciones y órdenes. Las cosas se elevan de la nada y se jerarquizan en la medida que participan del ser, que les es dado por la acción creadora de Dios. En esta metafísica, Dios comparece como la fuente desbordante e inagotable del ser de donde proceden todas las cosas, las visibles y las invisibles, lo que significa que su existencia pende del modo más radical y permanente del principio del que fluyen como su causa directa, de tal modo que ni por un instante podrían subsistir, «si no fueran conservadas en el ser por la acción de la virtud divina»[31]. Esta participación del ser en virtud de la cual lo creado se sostiene frente a la nada es lo que se conoce como creación. La creación no es, por tanto, un acto inicial que aconteció en un principio y con el que se dio paso a un universo que se sostiene por sí mismo. Antes bien, por creación, en la metafísica de santo Tomás, ha de entenderse la continua dependencia que las cosas tienen de Dios para su existir, una dependencia que acontece de modo total y en todo momento. Lo que explica por qué en la filosofía tomista la acción divina por la que se crean las cosas es la misma por la que se conservan en su existencia. Como se puede leer en la *Suma Teológica*: «La conservación de las cosas no la hace Dios por una acción nueva, sino por continuación de la misma acción por la que les da el ser, la cual se efectúa sin movimiento ni tiempo»[32]. Así pues, creación y conservación coinciden en Dios. Hasta el punto de que la conservación constituye la acción esencial de la providencia divina sobre sus criaturas. Por lo que bien puede afirmarse que nada ni nadie es tan conservador como Dios. Y es el gran conservador porque las ama, porque por su *amor mueve el sol y las demás estrellas*, en palabras poéticas y realistas al mismo tiempo de Dante.

Dios creó, y continúa creando —*conservando*—, las cosas directamente de la nada, pero en la misma creación ya estableció un orden entre ellas, de tal modo

31 *Suma Teológica*, I, c. 104, a. 1, r.
32 *Ibid.*, ad. 4.

«que unas dependiesen de otras por las que fuesen se-
cundariamente conservadas en el ser, aunque necesitán-
dose siempre la conservación principal, que procede de
Él mismo»[33]. Lo que significa que Dios ha querido hacer partícipe a las criaturas de su acción conservadora, a
modo de causa segunda, con el fin de que en el universo
brille de un modo excelente la abundancia desbordante
con que Dios hace todas las cosas y se constituya así en
un reflejo de su gloria.

Así pues, ser y participación son las dos categorías
fundantes de la metafísica tomista en su concepción
del cosmos y, consecuentemente, también del orden
de lo humano en el que este se inserta. Ser hombre es
participar de un modo particularmente excelso del orden eterno de las cosas según su naturaleza racional y
libre. De modo que la ley natural no es otra cosa que la
participación de la ley eterna en la criatura racional. Y, al
igual que en la idea de creación, en la ley natural la idea
de conservación ocupa un lugar central. Conservación
del individuo y conservación de la especie que el hombre tiene en común con todo lo vivo y que define la
dinámica operativa básica del reino vegetal y animal.
Principio conservador que en el hombre adquiere una
forma acorde con su naturaleza social y racional y que
le mueve a buscar la verdad sobre Dios y a vivir en sociedad[34]. Interesa destacar aquí que santo Tomás asocia en
un mismo impulso el vivir en sociedad y la búsqueda de
una verdad última sobre el hombre y el cosmos, como
si nos quisiera indicar que ambos fines nacen al tiempo y se cumplen entretejidos entre sí, constituyendo

---

33 I, c. 104, art. 2, r.
34 I-II, c. 94, art. 2, r.

un plexo indisociable. Pero dicho esto, conviene añadir que el impulso a la conservación en el hombre no deja de completarse con una tendencia perfectiva no menos fuerte ni operativa. El hombre no busca solo, ni siquiera principalmente, «conservarse», lo que busca es una plenitud de vida, un cumplimiento o realización que en el plano subjetivo se corresponde con un deseo irrenunciable de felicidad. Y, sin embargo, no creemos forzar las palabras ni el pensamiento de santo Tomás cuando enmarcamos esta tendencia perfectiva del hombre en un principio más general de (auto)conservación, por cuanto lo humano del hombre solo puede existir y preservarse precisamente en cuanto vive en una sociedad que le proporciona los elementos indispensables para la búsqueda de su fundamento divino.

Tras estas reflexiones, sorprenderá poco que la categoría de participación constituya la categoría política suprema en el pensamiento de Tomás de Aquino. En estrecha analogía con el orden universal de las cosas, el ámbito de lo humano se articula igualmente según una jerarquía o gradación. Pues aun participando de una misma naturaleza, y en esto todos los hombres son iguales, existen sin embargo hombres más sabios, más fuertes o simplemente moralmente mejores que otros, por lo que es bueno que sean aquellos los que gobiernen y dirijan a estos. Desigualdad humana que, según santo Tomás, no deriva en modo alguno de un pecado de origen, sino que, por el contrario, es reflejo de una providencia divina que ha tenido a bien multiplicar la diversidad de tipos humanos como medio para enriquecer su creación. Pero si Dios no ha querido crear a los hombres iguales, sí ha querido, en cambio, que aquellos que son mejores en virtud se abajen y sirvan a quienes, sin culpa alguna, lo son menos. Porque a quien se le ha dado más, también se le pedirá más. Dios ha establecido así una jerarquía u orden sagrado que es siempre descendente. De modo que todo poder y perfección es participación de la omnipotencia y perfección divinas. También en el orden del gobierno entre los hombres. Lo que significa que el grado de bondad o perfección de una constitución política se halla en función de la capacidad que esta tenga de ser participada según una pluralidad de grados y formas adecuadamente combinadas. Por lo pronto es necesario, señala santo Tomás, que *todos participen del poder*, porque así se logra la paz del pueblo, y que todos amen esa constitución y la guarden. Conviene tener presente, sin embargo, que este principio eminentemente democrático por el que todos participan del poder significa, en primer lugar, que el poder es dado o comunicado y, en consecuencia, nunca es «originario» sino derivado. Luego el poder no procede del pueblo, aunque el pueblo participa de él, por lo que la idea de soberanía popular queda excluida. Una segunda cuestión que no debe olvidarse es que el poder presupone antes una posición receptiva que activa, de modo que esta resulta consecuencial de aquella. Y para que esta recepción del poder sea posible, el pueblo ha de tener formas institucionales adecuadas para ello. Asumido esto, y considerando la diversidad de formas de gobierno que pueden ser adoptadas para este fin, concluye santo Tomás que: «la mejor constitución de una ciudad o reino es aquella en la cual uno solo tiene la presidencia de todos y es el depositario del poder; pero de tal modo que otros participen de tal poder, y que todos sean dueños de tal poder, tanto que puedan ser elegidos cualesquiera del pueblo, como porque deban ser elegidos por todos. Tal es la mejor política: la que está presidida por uno, pero con un régimen mixto; se da entonces también la aristocracia, ya que algunos participan del poder, y la democracia, o sea el poder del pueblo, en cuanto al pueblo corresponde la elección de los gobernantes, los cuales pueden ser elegidos de entre el pueblo»[35].

---

35 *Suma Teológica*, I-II, c. 105, a.1.

VIII

«¿Cuál es la mejor forma de gobierno?», se pregunta Balmes, para responder: «Parécenos que la respuesta debiera ser otra pregunta: "¿De qué pueblo se trata?"»[36]. La respuesta-pregunta del pensador de Vic sintetiza elocuentemente un principio clave del pensamiento conservador, y es este: la mejor forma de gobierno es aquella que mejor se ajusta a la historia y al carácter de cada pueblo en concreto; por lo que no hay una fórmula universal válida para todos los pueblos y todos los tiempos. Para el conservatismo, por tanto, pensar en formas de gobierno es pensar en la tradición de cada pueblo, en su particular forma de ser y aprender de lo que enseña su «antigua constitución» o «constitución interna», según la fórmula empleada por Cánovas del Castillo. Pero incluso esta atención a la particular naturaleza histórica de cada pueblo puede ceder en función de cuáles sean las circunstancias existentes en un momento dado. Puesto que las formas de gobierno están para la preservación de un pueblo y no al contrario, bien podría suceder que la *salus populi*, que es siempre *suprema lex*, exija en una determinada circunstancia un cambio de régimen y abandonar, no sin dolor, la forma vigente hasta ese momento; pues, en un sentido conservador, la prudencia de lo concreto siempre prevalece sobre lo idealmente deseable en abstracto.

Este carácter relativamente aleatorio de las formas de gobierno se incrementa cuando se considera que estas presuponen fines e intenciones que van más allá de ellas mismas. «Volviendo, pues, al punto de donde

---

36 «Escritos políticos» IV, en OO.CC., 29-30, p. 52.

partimos —dice Balmes—, es preciso convencerse de que en España la cuestión dominante no es la de formas políticas; que sobre ella descuella la de creencias e intereses. Poned sobre el trono a un rey impío, y los hombres religiosos protestarán contra el absolutismo e invocarán ardientemente la libertad»[37]. Mutabilidad señalada por Balmes que es una enseñanza perenne de la historia. Basta leer la literatura política de los siglos XVI y XVII en Francia para comprobar hasta qué punto la opinión acerca de cuáles eran o debían ser las prerrogativas del poder real variaban en función de si los monarcas eran percibidos como próximos al partido hugonote o al partido católico. Cuando se sospechaba que el rey podía profesar un filoprotestantismo, la Liga católica oscilaba decididamente hacia el antiabsolutismo, en tanto que los protestantes se inclinaban en la dirección opuesta, defendiendo un deber de obediencia incondicional al monarca. Huelga decir que, si la situación confesional de la monarquía se revertía, se invertían igualmente las posiciones respecto de la extensión del poder real. ¿No fue acaso Voltaire un firme partidario de la monarquía absoluta en Prusia o Rusia? ¿O qué católico, por muy conservador y monárquico que sea en su propio país, verá con malos ojos que los irlandeses sean republicanos? Sucede, en definitiva, que toda forma de gobierno no deja de ser un medio al servicio de unos intereses y fines que van más allá de dicha forma. Con su habitual eclecticismo, Balmes señala que no hay que adoptar como un absoluto este o aquel sistema, «sino apelar a los grandes principios conservadores de la sociedad, a aquellos principios que no son exclusivamente de

---

37 *Ibid.*, p. 377.

ninguna escuela, que no son nuevos, sino antiguos como el mundo, existentes desde toda la eternidad en el tipo de toda perfección, comunicados a las sociedades como un soplo de vida... *Razón, justicia, buena fe*»[38]. Podría decirse incluso que el conservador no tiene una teoría propia, estrictamente hablando, sobre las formas de gobierno, por cuanto hace suyas las reflexiones elaboradas por los grandes pensadores de la gran tradición occidental, comenzando por los fundadores de la filosofía política, Platón y Aristóteles. El pensamiento conservador no deja de ser a este respecto una continuación en el tiempo de estas primeras reflexiones sobre el mejor régimen político, elaboradas, eso sí, bajo las circunstancias históricas surgidas con la Revolución de 1789.

Y, sin embargo, esta relativa aleatoriedad de las formas de gobierno está lejos de constituir un relativismo absoluto. Cierto es que para los conservadores las ideas acerca de la bondad de un determinado sistema político están en función de los principios sobre los que se fundamenta. Y que la estima por la democracia, por ejemplo, estará condicionada por la calidad de sus fundamentos y fines, es decir, de si es acorde con la ley natural y las costumbres del país con vistas a un bien común. Pero lo mismo cabe afirmar de la aristocracia o de la monarquía, como ya se ha visto. El conservatismo asume que toda forma de gobierno posee virtudes y defectos en una cantidad variable, pero de tal modo que ni los defectos inhabilitan una forma política por completo ni sus virtudes la consagran absolutamente. No obstante, siempre será verdad que para el pensamiento conservador la forma política que en su interior integre,

---

38 *Ibid.*, p. 153.

del modo más prudente y ajustado posible, principios monárquicos, aristocráticos y democráticos, de acuerdo siempre con las costumbres e intereses vigentes en el país, habrá alcanzado su forma política óptima. Forma óptima que, por supuesto, se situará dentro de la esfera de imperfección que acompaña a todo lo humano, dado el carácter antiutópico que es inherente al conservatismo.

Para entender adecuadamente esta teoría de la forma mixta de gobierno es necesario considerar que esta no es incompatible con la preponderancia de uno de sus elementos. Por lo que, en consecuencia, este modelo mixto puede ser perfectamente una democracia, eso sí, en cuanto esta se halle temperada por elementos aristocráticos y monárquicos dentro de su constitución. De hecho, es más que plausible considerar que este fuera el modelo que tenían en mente los «padres fundadores» de los Estados Unidos de América[39]. Y lo mismo cabe decir de la monarquía, que sería igualmente susceptible de mezclarse con la democracia y la aristocracia, como

---

39 Se trataba de evitar así tanto el despotismo del Ejecutivo como un «despotismo electivo» por parte del Congreso, en expresión elocuente de Jefferson. Despotismo que solo es evitable con un Ejecutivo independiente y distinto de los cuerpos representativos. Es, de este modo, la presencia de un Ejecutivo independiente de la representación la mejor garantía de la libertad, al igual que la Corona lo era en Inglaterra. Como pudo constatar Madison: «Tras la destrucción del rey en Gran Bretaña, una tiranía más pura que la que había sido ejercida por el monarca emergió del parlamento» (Cit. en Fernández-Albertos, J., «Dividir lo indivisible. Separación de poderes y soberanía popular en James Madison», *Revista de Estudios Políticos*, n.º 128, abril-junio, p. 303). Los americanos, en suma, pensaron sus representantes como controladores del poder ejecutivo y la voz de sus agravios de modo análogo a como los comunes lo eran ante el monarca en Inglaterra.

así fue el caso de la Corona inglesa hasta tiempos relativamente recientes. Es más, en la fundada opinión de Burke, que sigue en esto a Lord Bolingbroke, la monarquía es la más combinable de las formas de gobierno, lo que supondría una ventaja competitiva a favor de esta. Es cierto, sin embargo, que el resultado de una forma mixta de gobierno tenderá a propiciar un modelo donde el elemento aristocrático ocupe un papel central, pues, por definición, la aristocracia se halla en una posición intermedia entre la monarquía y la democracia.

Existe aún otro aspecto del pensamiento conservador que no puede dejar de señalarse, y es su preferencia por formas políticas donde la dimensión personal y concreta de quien gobierna no quede diluida en abstracciones o en fórmulas anónimas de poder. Un ejemplo de esto último sería el poder ejercido por una burocracia, una forma de mando y obediencia al que el conservatismo guarda una especial repugnancia. Pero aquí debe incluirse también el gobierno de las grandes abstracciones políticas, como puede ser la de una «democracia» cuando esta se identifica con el poder de una masa anónima, o el de una opinión pública evanescente y de origen incierto, cuando no oscuro. Por instinto, el conservatismo tenderá a preferir formas de gobierno personales antes que la de una clase anónima de gestores de cosas. Y de ahí la natural preferencia del conservador por la persona de un rey. Porque la concreción simbólica del poder en una persona determinada lo humaniza, lo convierte en un *poder entrañable*, según reza el expresivo título de la obra de Vicente Marrero sobre la monarquía. Todo lo que sé es que el conservatismo (*Torysm*), decía Newman, es lealtad a las personas.

Sin minusvalorar, por tanto, las consideraciones de índole teórica, el conservador tenderá a priorizar siempre lo real concreto, resultado último de una historia vivida, aunque no siempre elegida. Porque la historia, la personal y la de los pueblos, es fuente de revelación de sentido para el que la sepa reconocer. Por lo que, bien podría decirse, en palabras de María Antonia Labrada, que, si bien es verdad que la historia podría haber sido de otra manera, una vez comenzada solo cabe la fidelidad a ella[40].

---

40 *Sobre la razón poética*, EUNSA, Pamplona, 1992, p. 100.

IX

En general, puede decirse que los economistas se dividen en nuestros días en liberales y socialdemócratas de inspiración más o menos keynesiana, es decir, entre aquellos que abogan por una menor intervención del Estado y los que, por el contrario, le conceden a este un protagonismo indiscutible. Sobre esta base, llevadas cada una de estas posiciones a un extremo, y estableciendo una gradación de 0 a 10 en función de la mayor o menor intervención del Estado postulada en economía, es posible clasificar a todos los economistas en algún punto de esta escala. Con esta escala única, ciertamente, no cabe hablar de un modelo económico conservador, pues al hallarse las únicas posiciones posibles en materia económica en función de un mayor o menor intervencionismo estatal, toda clasificación de una doctrina económica queda restringida al mayor o menor grado de liberalismo o intervencionismo estatal profesado. Se podrá objetar, sin duda, que esto es simplificar las cosas en demasía y que existen más criterios clasificatorios de las doctrinas económicas, pero deberá reconocerse también, y al mismo tiempo, que todos ellos son secundarios respecto del anteriormente establecido.

Asumido esto, se trata ahora de entender por qué en esta clasificación carece de sentido hablar de un modelo económico conservador, lo que no será posible sin recordar que el conservatismo nace como respuesta crítica a la Revolución de 1789 y al orden de cosas que se inició con ella. Pero dentro de ese orden de cosas se halla, precisamente, la intervención del Estado en economía o, más propiamente, la intervención del Estado en el entero orden social a través de la economía. Se impone, por tanto, hacer un poco de historia y recordar que lo que se denominó el «Antiguo Régimen» era un precipitado de costumbres, derechos e instituciones que habían ido cristalizando con el tiempo, sin un orden o planificación preexistente. En ese abigarrado y poco organizado estado de cosas existía poco espacio para la introducción de mejoras y la extensión del comercio, pues como se colige fácilmente, quien quisiera proceder a ello se encontraba con unos límites establecidos inmemorialmente difíciles de traspasar. De este modo, uno podía tener el derecho de propiedad de un fundo y encontrarse con que sobre ese mismo fundo concurrían una pluralidad de derechos distintos que hacían casi imposible desde todo punto de vista el disfrute y explotación del mismo por parte de su legítimo propietario. Un número sin fin de «manos muertas», censos, foros, usufructos, vinculaciones, mayorazgos, privilegios, estancos, diezmos y servidumbres formaban una maraña de limitaciones a la propiedad cuyo resultado último era una situación de inmovilidad casi insalvable. Limitaciones a las que hay que añadir las procedentes de la existencia de una organización gremial del trabajo con poder para fijar la cantidad y el orden de los oficios y empleos, así como el precio de las cosas.

La Revolución liberal consistió, desde este punto de vista, en establecer y perfeccionar un poder central con fuerza suficiente como para destruir ese estado de cosas generado y consolidado por siglos de existencia. Un poder, por cierto, del que la vieja monarquía «absoluta» carecía casi por completo. Ahora bien, hablar de establecer y perfeccionar un poder central lo suficientemente poderoso como para destruir el antiguo orden social es hablar de establecer y perfeccionar el Estado, y no en cualquier versión, sino en su versión más absoluta y omnipotente. Y por eso, y no casualmente, la idea de soberanía alcanzará en la Francia revolucionaria su más acabada expresión al identificarse primero con la nación, luego con el pueblo, para identificarse en última instancia con el Estado.

En consecuencia, la Revolución liberal nace ligada al Estado, a su desarrollo y perfeccionamiento y a una legislación capaz de prevalecer sobre cualquier derecho preexistente por muy antiguo y venerable que este pudiera ser. Pero dicho esto, hay que reconocer, como lo reconoció el mismo Marx, que el éxito de la Revolución «burguesa» fue extraordinario. La liberación de la propiedad y del contrato de trabajo generó un crecimiento de riqueza sin precedentes en la historia. Por lo que, a nuestro juicio, no reconocer que el liberalismo económico, cuando se desarrolla en condiciones de una razonable seguridad jurídica, es causa de prosperidad y crecimiento económico es pura ceguera. Pero, como ya advirtiera Goethe, toda luz arroja sus sombras y nadie como el economista austriaco Josef A. Schumpeter supo identificarlas.

En primer lugar, el paso de una sociedad fija y estable a una sociedad dinámica y creativa no ha sucedido sin un poderoso cambio de mentalidad. No hace falta ser marxista para comprender que la variación de los modos de concebir la vida en el orden del pensamiento viene acompañada de grandes transformaciones sociales en un proceso único en el que es muy difícil distinguir qué es causa y qué es efecto. Sea como fuere, lo cierto es que Europa se ha sumergido en un proceso de licuación que aún no ha terminado. Proceso en el que todo lo que parecía sólido e inmutable ha dejado de serlo y donde la realidad parece hacerse líquida con tendencia a tornarse en puramente virtual. En su deriva, el racionalismo filosófico, presente en el origen del liberalismo, se ha transmutado en un utilitarismo desencarnado centrado en una expectativa meramente individualista y egocéntrica de cálculo de goces y costos. Pero sobre esta premisa utilitaria, la opción «racional» está clara y esta no puede consistir en otra cosa que en la búsqueda de la maximización del bienestar personal. Porque ¿si no hay nada *sagrado*, más allá de uno mismo, para qué el *sacrificio*? Ahora bien, bajo esta premisa, la desintegración general de la familia y la caída radical de las tasas de natalidad están aseguradas. «La baja del tipo de natalidad —señala Schumpeter— me parece uno de los rasgos más significativos de nuestra época. Ya veremos que, incluso desde el punto de vista puramente económico, es de importancia capital tanto como síntoma cuanto como causa de una transformación de los móviles de la actividad económica». Sucede, además, que, con la pérdida del sentido de familia, el *homo oeconomicus* se inclina igualmente «hacia una actitud espiritual contraria al ahorro y acepta con creciente facilidad las *teorías* contrarias al ahorro características de una *filosofía* del corto plazo»[41]. La tesis de Schumpeter, en suma, es que la *destrucción creadora* puesta en marcha por el liberalismo económico es ella misma autodestructiva del orden social. Con la perspectiva que da el tiempo, y observando nuestro presente, no parece existir nada de las cosas señaladas por Schumpeter en la década de los cuarenta del pasado siglo que no haya dejado de cumplirse.

---

41 *Capitalismo, socialismo y democracia*, Ediciones Orbis, Barcelona, 1983, Vol. I, p. 216.

Lo que se ha venido en llamar el antiguo régimen se correspondía en gran medida con una estructura ósea que había devenido rígida y con claros síntomas de osteoporosis. Pero si la Revolución tuvo éxito en acabar con ese esqueleto escaso de sustancia, pues su misma rigidez denotaba su fragilidad, fracasó en generar una nueva estructura capaz de dar fortaleza y consistencia a la sociedad frente a un Estado que se había vuelto todopoderoso. La Revolución le encomendó al Estado, observa Marx, la «misión de romper todos los poderes particulares locales, territoriales, municipales y provinciales, para crear la unidad civil de la nación», pero con una consecuencia seguramente no prevista, o quizá sí, y es esta: que desde ese momento «todo interés *común* es inmediatamente desvinculado de la sociedad y se le contrapone como interés general y superior arrancándolo de la actividad de los miembros de la sociedad». Observación esta de Marx que el sociólogo conservador Robert Nisbet no puede dejar de confirmar, y de lamentar: «La historia del Estado en Occidente —señala Nisbet— ha estado caracterizada por la gradual absorción de poderes y responsabilidades radicadas con anterioridad en otras asociaciones por un franco incremento de las relaciones entre la autoridad soberana del Estado y el ciudadano individual». Hasta el punto, dice el sociólogo norteamericano, que «esta lucha entre el poder político central y las autoridades de los grupos sociales no estatales ha sido el más aciago (*fateful*) de todos los conflictos en la historia de Occidente»[42].

Así pues, la Revolución liberal tuvo por consecuencia no menos Estado, sino más, pasando de una

---

42 *ISI Books*, Delaware, 2010, pp. 96 y 101.

sociedad vertebrada por un endoesqueleto que no por anquilosado dejaba por ello de cumplir con su función, a un poderoso exoesqueleto —el Estado— constituido ahora en único valedor de la unidad social y política en una sociedad en sí misma invertebrada. Por lo que, visto desde esta perspectiva, el socialismo es el intento de llevar el estatismo del liberalismo hasta sus últimas consecuencias.

Llegados a este punto, y asumiendo que todo este juicio sea certero, toca preguntarse por la propuesta conservadora en materia económica y social. Y la respuesta podría ser más o menos esta: una propuesta conservadora solo puede consistir en una auténtica revolución, que tienda a fortalecer hasta donde sea posible los vínculos sociales y los cuerpos intermedios existentes entre el individuo y el Estado. Propuesta que el gran pensador y tribuno tradicionalista, Juan Vázquez de Mella, denominó «sociedalismo». Pero si el término no tuvo éxito, lo señalado por él mantiene una clara vigencia en el presente, por cuanto pone de manifiesto la contradicción inherente al pensamiento liberal no progresista, en tanto que, si bien este mantiene una posición beligerante con el estatismo, no es consciente, sin embargo, de que en su opción por el «individuo» lo que hace es provocar y favorecer el estatismo que tanto critica. Luchar contra el estatismo supone, en definitiva, luchar por un orden social lo más fuerte posible en una trama de vínculos de todo tipo, de modo que la sociedad no consista en un mero *compositum* de individuos, porque si la ecuación queda reducida a individuo vs. Estado, está claro quién llevará las de ganar siempre y en todo caso.

X

Si hay una institución querida para los conservadores, esa institución es la familia. Y la razón se comprende fácilmente en cuanto se considera que es en la familia donde se transmite y conserva la vida. Y no de cualquier modo, sino del modo más genuinamente *humano*. De ahí que, si hay un experimento que al conservador le repugne más instintivamente y considere particularmente aberrante, es el intento de transmitir y conservar la vida humana fuera de la institución familiar. ¿Hace falta decir que, para un conservador, la única familia «sin experimentos» es la que está fundada sobre la unidad esponsal entre un hombre y una mujer? Porque, si a los seres humanos les caracteriza algo, si poseen una naturaleza, esta es la familiar. Es sencillamente inimaginable la existencia de un espacio más acogedor que el proporcionado por los vínculos familiares de padre y madre, especialmente comprometidos —por razones obvias— en el amparo y protección de cada nuevo nacimiento, respecto de un mundo exterior que por fuerza resulta menos familiar y cálido. Edificada sobre la paternidad y la maternidad del hombre y la mujer, la familia es el ámbito humano por excelencia, la matriz generadora de la *humanidad* del hombre. El nudo existencial de todo ser humano se fragua en el ámbito familiar, pues en él concurren tanto la aportación genética de cada uno de los padres como las primeras e indelebles impresiones dejadas por el encuentro del niño con su mundo más primigenio y propio. La familia se constituye, de este modo, en la fuente nutricia de la que nacerán los rasgos configuradores del carácter de los hijos y que acompañarán el devenir de cada hombre o mujer hasta el final de sus días. La trabazón que sustenta este espacio vital que es la familia es el compromiso adquirido por el varón con la mujer llamada a ser la madre de sus hijos. ¿Qué mueve a hombres y mujeres a este compromiso para formar familias, unirse y tener hijos? Una primera respuesta puede ser, sin duda, su naturaleza. El hombre es antes animal conyugal que animal social, observaba santo Tomás de Aquino[43]. Pero la fuerza unitiva de esta conyugalidad entre hombre y mujer se corresponde con una dimensión básica de lo humano que, a su vez, ha sido experimentada y alimentada en el seno de una familia, y esta dimensión es la que viene dada por una entrega que se recibe y acoge bajo la forma de la gratuidad. Dimensión de entrega desinteresada de lo que hay de más íntimo y personal, que bien puede llamarse amor.

Puede resultar una obviedad señalar que maternidad y matrimonio son términos que participan de una misma raíz, al igual que paternidad y patrimonio. Pero el pensamiento progresista se resiste a reconocer que tan estrecha vinculación semántica tenga alguna transcendencia a la hora de determinar el significado real de tales términos. Y, sin embargo, para quien no todo consista en un mero nominalismo, donde cualquier significante puede significar no importa qué significado, y piense que con las palabras se procura designar algún aspecto de lo real y no otro, *matrimonio* ha de remitir por fuerza a la idea de *madre*, de lo que bien puede deducirse que quien separa conceptualmente ambos términos los corrompe y desvirtúa.

Respecto de los términos *pater* y patrimonio, su vinculación queda oscurecida por la reducción de este

---

43 *In Ethicorum*, XII, n. 1233.

último término a una masa de bienes monetariamente cuantificables. Pero no es esta la idea que Roma nos ha legado. Para el derecho romano lo que existe es una cuasi identidad entre patrimonio y familia: *Familia, id est patrimonium.* Con esta perspectiva romana, patrimonio significaría más bien la unidad compacta de los hábitos y bienes, tangibles e intangibles, que conforman la *economía* propia de un grupo familiar, por lo que la identificación no parece desacertada en absoluto. Así pues, antes que progenitor, la figura del *paterfamilias* se constituye simbólicamente como principio y custodio de dicho patrimonio. Patrimonio conservado para ser transmitido a su vez a la siguiente generación, adquiriendo de este modo esa nueva generación la condición de heredera y, por tanto, de legítima. Ideas estas que nos remiten, a su vez, al concepto de matrimonio y su vinculación con las ideas de maternidad y filiación. No resulta casual, por ello, que el derecho romano dejara una de las más bellas y completas definiciones de matrimonio: la *unión de hombre y mujer, consorcio para toda la vida, comunicación de derecho divino y humano*[44]. En Roma el matrimonio descansaba ciertamente en un elemento «afectivo», en la llamada *affectio maritalis*, si bien esta expresión no tenía la connotación emotivista que tiene en nuestra época. Con esta expresión se aludía más bien a la *voluntad* de estar juntos de por vida y tener hijos en común. Voluntad que no excluye, como es obvio, el *afecto* tomado ahora en un sentido amoroso, sin que por ello el «amor» como tal pasase a formar parte de la definición del matrimonio.

---

44 *Digesto* 23, 2, 1.

El conservador cree que la recuperación de esta dimensión objetiva e institucional del matrimonio —y del patrimonio— es clave para una regeneración social, sin que ello suponga dejar de lado o menospreciar la dimensión más subjetiva del necesario amor que debe existir entre los esposos para vitalizar una vida compartida que, de ningún otro modo, podría alcanzar la felicidad a la que esta unión está llamada. Una vez más el conservador procura la unidad e integridad de todos los elementos en juego, los objetivos y los subjetivos. Pero hecha esta aclaración, el conservatismo se percibe a sí mismo como heredero de este patrimonio *romano* de principios e ideas sobre el matrimonio y la familia, sintéticamente descrito, y lo considera un legado moral que desea transmitir a las siguientes generaciones. Y si el conservador es católico apreciará, además, cuánto de conveniente hay en que esta unión, ya de por sí sagrada, haya sido elevada a sacramento por Jesucristo.

¿Hace falta señalar que fue esta dupla de *matrimonio-patrimonio* lo que la Revolución se propuso destruir desde un principio? En su pulsión por «reformar por completo un pueblo al que se desea hacer libre, destruir sus prejuicios, modificar sus hábitos, limitar sus necesidades, desarraigar sus vicios, purificar sus deseos», según la elocuente declaración del Comité de Salud Pública de 1792, la Revolución tuvo en la familia «tradicional» uno de sus principales objetivos[45]. Primero procedió a eliminar de la definición romana de matrimonio el elemento sagrado, esto es, la *comunicación de derecho divino*, para dejar un matrimonio

---

45 Cit. en Nisbet, R., *Conservadurismo*, Alianza Editorial, Madrid, 1995, p. 25.

desnaturalizado reducido a mero contrato civil. Continuó con la supresión de su condición de *para toda la vida* con la introducción del divorcio en la legislación. Pero ha habido que esperar a nuestros días para ver la culminación de este proceso con la eliminación del rasgo más arquetípico y fundamental de las *justas nuptiae*, la de ser una *unión entre hombre y mujer*. ¿Cabe pensar en un triunfo más completo de la Revolución? Esta desconstrucción sistemática del matrimonio no habría sorprendido a Edmund Burke, aunque, con toda probabilidad, no habría imaginado lo lejos a lo que se ha podido llegar. «Todas sus nuevas instituciones (y con ellos todo es nuevo) —dice el padre del conservatismo— atacan las raíces de nuestra naturaleza social. Otros legisladores, conociendo que el matrimonio es el origen de todas las relaciones sociales y, consecuentemente, el primer fundamento de todos los deberes, trataron por todos los medios a su alcance de dotarlo de un carácter sagrado. La religión cristiana, limitando sus fatigas y haciendo de él una relación indisoluble, ha hecho por medio de estas dos cosas, más por la paz, felicidad, firmeza y civilización del mundo que por cualquier otro medio que la Divina Sabiduría haya previsto». En sentido diametralmente opuesto procedieron los revolucionarios en 1798, quienes «emplearon el mismo o mayor empeño por desacralizar y degradar el matrimonio, al que otros legisladores habían acostumbrado a llenar de santidad y honorabilidad. Por una extraña e inusitada declaración, proclamaron que el matrimonio no era mejor que un vulgar contrato civil... *Como si el contrato que renueva el mundo careciese por completo de derecho*»[46].

¿Por qué este desprecio radical del *contrato que renueva el mundo*? La explicación, a nuestro juicio, tiene que ser buscada en la idea misma de libertad, en su naturaleza y alcance. La libertad, el primero y más bello de los ideales enarbolados por la Revolución. Porque ¿de qué libertad se trata? ¿De una libertad *social* o de una libertad *egocéntrica*? Pues la diferencia entre una y otra es abismal. Por ejemplo, ¿existe la libertad para entregarse a otro para siempre e incondicionalmente? O, más bien, ¿la libertad consiste en el derecho a un poder de autodeterminación individual siempre y en todo momento, sin que exista vínculo alguno que lo impida? En definitiva, los vínculos sociales y familiares, ¿sostienen la libertad o la encadenan? La Revolución nunca dudó de la respuesta. De acuerdo con Jacques Ellul, la Revolución francesa fue «una lucha sistemática contra todos los grupos naturales, con el pretexto de defender al individuo; lucha contra todas las corporaciones, contra las comunas y el federalismo (los girondinos), lucha contra las órdenes religiosas, lucha contra las libertades parlamentarias, universitarias, hospitalarias: no hay libertad de los grupos, sino solamente del individuo aislado». Lógicamente, en esta lucha por la «liberación» del individuo, el último núcleo de resistencia que debía ser asaltado y abatido era la familia, la comunidad vinculadora por excelencia. Y, según Ellul, esta es la razón por la que «la legislación revolucionaria originó la destrucción de la familia, ya sensiblemente quebrantada por la

---

46 «Carta» I, en *The Writings and Speechs of Edmund Burke*, Vol. IX, pp. 243-245 (La cursiva es nuestra).

filosofía y las soflamas del siglo XVIII. Las leyes del divorcio, sobre las sucesiones, sobre la autoridad paterna, arruinaron al grupo en beneficio del individuo»[47]. Pero con esto hemos llegado a la gran disyuntiva de nuestro tiempo: o bien el principio fundante de una organización social y política es el individuo, como postula el progresismo de cuño racionalista, o bien es la familia, como postula el conservatismo. O uno u otro. *Tertium non datur.*

---

47 *La edad de la técnica*, Ed. Octaedro, Barcelona, 2003, p. 57.

XI

El pensamiento conservador posee un carácter juscéntrico. Es decir, el conservador pone el derecho en el centro de la vida social, siempre y cuando se entienda que el derecho no es tanto un «conjunto de normas» como aquello que es «de cada uno». Lo «suyo» de cada uno se convierte de este modo en objeto de un respeto muy especial por parte de los miembros de un grupo social y de la sociedad en su conjunto. Pues de no dar *a cada uno lo suyo* una sociedad no podrá ser considerada «justa», por cuanto la justicia consiste precisamente en ese *dar*. En definitiva, todo grupo social se edifica armónicamente sobre una justicia consistente en la pacífica posesión de lo que es de cada uno, erigida en principio y fundamento de la vida social. Por lo que, fuera de la justicia, solo restan la violencia y el robo. Ahora bien, ¿cómo se determina lo que es cada uno? La respuesta conservadora a esta pregunta es sencilla. Es una determinación que ya está dada, puesto que no habría sociedad si, de hecho, no existiese esa previa determinación de lo justo. Basta considerar que la sociedad existe en tanto en cuanto las cosas están asignadas y poseen un titular, y que la sociedad misma no es otra cosa que un ordenamiento con el fin de proteger la vida y los bienes de los miembros que la integran. Así, pues, la determinación de lo que es de cada uno, con los medios correspondientes para su preservación y defensa, es la condición necesaria para la constitución de un orden social. Sin esta certeza y claridad respecto a lo suyo de cada uno la paz social sería imposible, todo sería conflicto (*omnia bellum*). Pero un estado de cosas semejante equivaldría a decir que no hay sociedad. Con ello se llega a una conclusión que, en principio, puede parecer sorprendente, y es esta: que el derecho antecede a la justicia y la fundamenta. Lógico, pues si esta consiste en *dar a cada uno lo suyo o su derecho*, según reza el derecho romano, deberá existir previamente *lo suyo* o su derecho para que este pueda ser dado en justicia. Por lo que, el derecho, en latín *jus*, es la raíz de la *justicia*, como, por otra parte, bien pone de manifiesto la propia etimología de la palabra.

El reverso de esta posición conservadora propia del realismo jurídico, según la cual el orden social se articula sobre la previa determinación de los derechos (de cada uno), de modo que la razón de ser de la sociedad viene dada por su custodia y conservación, se encuentra en la política progresista, que consistiría en dar prioridad a una idea de justicia sobre los derechos ya existentes. La consecuencia de semejante planteamiento es la mutación constante de los derechos con el fin de que se adapten a la idea de justicia previamente adoptada por el legislador. Lo que tiene por resultado, a su vez, que el legislador se convierta en un demiurgo o creador permanente de derechos, como si la sociedad no estuviera ya constituida sobre derechos previamente establecidos. Los derechos serán de este modo el resultado de una «ideología», es decir, de la «lógica de una idea» puesta en marcha mediante el poder legislativo inherente al Estado. Este Derecho «creado» dependerá de la idea de justicia del Legislador, y que podrá variar, como es obvio, según la posición ideológica adoptada. Si un legislador, por ejemplo, considera que las cosas deberían estar asignadas según criterio de igualdad material estricta en una sociedad para que esta sea justa, el derecho de cada uno será el resultado de la concreta aplicación de ese criterio igualitario. Lo «mismo» o lo «igual» será el derecho de todos y cada uno de los miembros de esa sociedad. La igualdad aquí no está ya en el trato debido —a todos se les debe *igualmente* lo suyo—, sino en el resultado. Cierto es que Marx no planteó de un modo tan burdamente igualitario su ideal de justicia, sino que, inspirándose en principios presentes en el Evangelio, propuso una fórmula según la cual había que exigir de cada uno según su capacidad, y dar a cada uno según su necesidad. Fórmula que, llevada a pequeñas comunidades de carácter voluntario, como es el caso de las comunidades monásticas y conventuales, funciona con admirable naturalidad. Todo se pone en común y todo es de todos, distribuyéndose lo necesario en función de las necesidades de cada uno. La dificultad viene cuando se trata de aplicar esta fórmula a poblaciones numerosas a las que se pertenece por nacimiento y no por elección. En este caso, su realización práctica requiere de una instancia de poder omnisciente y omnipotente para que se halle en disposición de determinar lo que cada uno puede aportar y lo que cada uno puede necesitar, y proceder además eficazmente a su realización. Eso sin tener en cuenta que, para ser justo, ese poder debería entrar también a considerar la dimensión moralmente culpable o no culpable de la capacidad y necesidad de cada uno. No hace falta decir que un poder así, proyectado sobre poblaciones de millones de seres humanos, se torna por necesidad en un poder monstruoso y terrible, por divinizado. Además de ineficiente porque, sencillamente, no es posible que funcione. Por fortuna, la fase de experimentación de tan terrible idea de justicia, cuando es desgajada de su ámbito más propio, ha pasado a mejor vida, por lo menos en Europa. Pero ¿ha pasado del todo?

Por desgracia, la utopía igualitaria, tan temida por Alexis de Tocqueville y por el conjunto de los pensadores conservadores, sigue muy presente entre nosotros por causa del progresismo hegemónico hoy en Occidente. El progresismo es la ideología consciente de que el igualitarismo llevado a su extremo es imposible, como lo es igualmente el advenimiento de una sociedad sin Estado. Frente a las ensoñaciones de Marx y Engels acerca de una futura desaparición del Estado con el advenimiento de una sociedad sin clases, y en condiciones de perfecta igualdad social, el progresismo sabe que no solo la desaparición del Estado es impensable —además de imposible—, sino que ni siquiera es deseable. El progresismo es consciente de que el igualitarismo es tan antinatural y forzado que, sin un aparato de poder con capacidad coactiva a gran escala, es decir, el Estado, no podría llevarse a cabo ni mínimamente. Y de ahí su estadolatría, pues sabe que el Estado es la máquina de guerra revolucionaria por excelencia. Nada resiste a su poder. Armado con el monopolio de la fuerza, la legislación y el fisco su intención es moldear y recrear la sociedad a su gusto. No absolutamente, cierto, pero casi. Convertido el Estado en el gran legislador, el derecho deja de ser un límite a su poder para convertirse en su instrumento más poderoso. Transmutado el derecho en legislación por obra del positivismo jurídico, el Estado se convierte en un nuevo rey Midas y, al igual que todo lo que tocaba se convertía en oro, ahora todo lo que toca el legislador se convierte en derecho. Imagen esta, por cierto, que es propuesta por el gran pensador positivista del siglo XX, Hans Kelsen, cuyo pensamiento, tristemente, es todavía hegemónico en nuestras facultades de Derecho. Pero con ello queda desnaturalizado el tan proclamado Estado de Derecho, por cuanto ahora significa, sobre todo, no que el Estado esté sometido al derecho cuanto que el derecho es creado por Estado. Pero incluso aun cuando se admita que el Estado debe estar sometido al derecho, ¿qué significa ese sometimiento cuando se trata de un derecho que el mismo Estado crea, deroga y cambia a voluntad?

Por lo demás, el progresismo sabe que, a diferencia del comunismo, hay que dejar un sector productivo suficiente para sostener la enorme y costosísima masa burocrática del aparato estatal. El Estado social-progresista de nuestros días necesita de quien extraer los recursos necesarios para sus políticas redistributivas. Y, al igual que el apicultor debe preservar a las laboriosas abejitas para extraer de ellas su miel, el progresista sabe que debe dejar un segmento de sociedad civil laborioso y productivo del que extraer sus recursos. Pero incluso la comparación del apicultor con sus colmenas resulta insuficiente para hablar del Estado fiscal de nuestro tiempo, de modo que podría establecerse una comparación mejor con la película *Matrix*. Recuérdese cómo, en esta película, los seres humanos están conectados a una enorme máquina que, para mantenerles vivos y sometidos al mismo tiempo, les proporciona un mínimo de alimento junto a mundo de sensaciones y experiencias meramente virtuales, pero parcialmente satisfactorias, a cambio de succionar su energía. Con seguridad a Matrix le gustaría eliminarlos, porque esa humanidad es potencialmente extraña y refractaria a su poder, pero sabe que no puede. Matrix es un organismo parasitario que requiere de huéspedes humanos de los que poder vivir. Los necesita. De igual modo, el poder progresista mantiene a un sector relativamente libre, pero sometido a una carga fiscal extraordinariamente alta y progresiva. Esta carga fiscal posee de este modo una triple finalidad. La primera y más fundamental, es mantener con vida al propio organismo parasitario estatal; la segunda, tener una gran parte de la sociedad civil subsidiada y dependiente de las ayudas estatales; y la tercera, tener al sector de la sociedad civil más productivo e independiente en necesidad constante de dedicar un tiempo y una energía extraordinarios al trabajo para que este le sea mínimamente rentable en términos de economía y bienestar familiares. Lo que tiene una consecuencia política de gran calado y que, por lo habitual, se suele pasar por alto, y es la neutralización política de este sector social. Basta considerar, en efecto, que quien pasa casi todo el tiempo de su vida en la fatigosa búsqueda de ingresos suficientes para adquirir una vivienda, pagar a Hacienda y procurar un mínimo de confort para él y los suyos, difícilmente tendrá tiempo para una actividad o compromiso político. O, si se prefiere, difícilmente estará en condiciones vitales de rebelarse. De este modo, el sector de la sociedad que virtualmente le podría ser menos propicio a la ideología y al poder progresista queda políticamente neutralizado. Pues este contribuyente neto, con trabajar, pagar y buscar algunas satisfacciones con las que compensar su esfuerzo, ya tiene bastante. Ahora bien, ¿este modelo social y político progresista es sostenible en el tiempo o, al igual que el comunismo, tiene fecha de caducidad? Dejemos, por ahora, abierta la pregunta.

XII

La extrema izquierda revolucionaria encuentra su mayor deleite en la destrucción de las instituciones. Llevar reyes al cadalso, abolir la propiedad, declarar el fin de la familia «burguesa» o derogar las leyes fundamentales de la vida social forma parte de su ADN. La izquierda meramente progresista, en cambio, prefiere dejar nominalmente las instituciones, pues le basta con desvirtuarlas y dejarlas carentes de contenido. No suprimirá la monarquía, pero la dejará como simple ornamento sin más papel que la de mero trámite protocolario, sin capacidad de decisión alguna. No abolirá formalmente la familia, le bastará con declarar que todo es familia, de modo que sus rasgos más fundamentales queden desdibujados y diluidos por completo. Tampoco irá abiertamente contra la propiedad, pues le es suficiente con transmutarla de sólida a líquida, para convertirla, finalmente, en dinero meramente fiduciario, un dinero que tras la desaparición del papel moneda quedará sin restricciones en manos del Gobierno. Finalmente, no irá contra la institución parlamentaria, a la que pondrá formalmente en la cúspide de la pirámide, pero cambiará su naturaleza haciendo pasar el Parlamento de cámara de representación social a cámara representativa, sí, pero del poder del Estado. A toda esta gama de adulteraciones y corrupciones de las instituciones es a lo que la izquierda llamará «progreso». Pero lo que interesa considerar ahora es que todas ellas han sido jalones necesarios en el tránsito hacia el Estado Fiscal que padecemos. Es por ello por lo que, si hay una corrupción institucional que reviste una especial gravedad, esa es, a nuestro juicio, la corrupción sufrida por la institución parlamentaria. Para estar en condiciones de conocer todo su alcance se necesita hacer un poco de historia y remontarse a los albores del siglo XIII.

En los siglos medievales, el parlamento comparece ante el rey en representación de las diversas clases del reino con el fin de otorgarle, mediante pactos y compromisos, aquello que el rey no está en condiciones de realizar u obtener por sí solo, como es la aprobación de leyes, la modificación de algún derecho o la imposición de nuevos tributos. En este modelo medieval, el rey aparece como representante de la justicia, que procede de Dios, pero no del pueblo, puesto que, y esto es fundamental, si el rey se declarase representante del pueblo, este, *eo ipso*, carecería de representantes frente a ese mismo poder regio, con el resultado necesario de la inexistencia de libertad política. Basta considerar, en efecto, que la institución de representantes *frente* al poder constituye su límite más efectivo, de modo que su existencia es condición de la libertad. Por lo que, de no existir este límite proporcionado por los representantes, el poder fácilmente devendría absoluto y arbitrario. La identificación de poder y representación supone, en definitiva, la reducción de la representación a la dualidad representante-representado con la preterición del tercero destinatario, lo que distorsiona la idea de representación al tiempo que deja expedito el paso a la tiranía. O mejor, abre el paso a la tiranía precisamente en cuanto distorsiona y altera sustancialmente la idea de representación, en una relación análoga a la de causa y efecto. Pero esto fue lo que sucedió exactamente con la Revolución francesa.

Fue, en efecto, la gran obra de la Revolución que los parlamentos se autoproclamaran soberanos o sedes de la soberanía, pero con ello dejaron de ser instancias representativas de la sociedad frente al poder, para constituirse ellos mismos en poder o fuente de poder. Pero, una vez más, la heterogénesis de los fines se cumple en la historia, de modo que, al tiempo que nominalmente alcanzaban el máximo de poder (sede de la soberanía), en la práctica, los parlamentos han terminado por convertirse en la estela que sigue fielmente al poder ejecutivo. ¿Cómo es eso posible? Fácil, obtenida la mayoría parlamentaria por parte del candidato de un partido político tras unas elecciones, en las que, por otra parte, no se sabe si se están eligiendo representantes o gobernantes, este procederá a formar el Ejecutivo sobre la base de esa mayoría parlamentaria que, lógicamente, está puesta al servicio de su acción de gobierno; por lo que, de facto, el Parlamento quedará reducido a simple cámara de ratificación de lo que habrán de ser sus iniciativas gubernamentales. Pero, como observa Bertrand de Jouvenel: «Si el Parlamento mejor es el que vota sin vacilación los créditos y las leyes que solicita el jefe del ejecutivo, el Parlamento no tiene razón de ser»[48]. Y así es. El parlamento actual se ha convertido a lo más en una cámara representativa, sí, pero «representativa» en el sentido de representar al poder y la mayoría del Gobierno de turno, no al pueblo. Y «representativa» también en cuanto que el parlamento ha quedado reducido al lugar donde los partidos *representan* unos debates ante la opinión pública que no pasan de ser una pantomima. Debates cuyo resultado está decidido de antemano y en los que, al margen del gran público, los

---

48 Jouvenel, B. de, *El principado*, Ediciones del Centro, Madrid, 1974, p. 81.

políticos han realizado ya sus negociaciones oportunas en función de sus intereses de partido. Negociaciones, por otro lado, que bien han podido realizarse, como de hecho suele suceder, en cualquier sitio distinto de la sede parlamentaria.

El parlamento queda convertido de este modo en mera instancia procedimental, en simple mecanismo de ratificación de leyes dictadas desde el Gobierno, expresivas de su voluntad de poder y según criterios de puras mayorías numéricas. Se inserta, así, como una pieza más en el engranaje de un Estado configurado como una gigantesca empresa de servicios —el «Estado máquina» en expresión de Humboldt—, donde rigen con poder despótico la organización y la burocracia. Es lógico que, después de todo lo dicho, a Montesquieu se le declare «muerto y enterrado» y su separación de poderes con él. Y si bien esto ya había sucedido con anterioridad, lo nuevo y decisivo ahora es que el poder político ha conseguido su más preciado y secular sueño, la libertad absoluta impositiva. Lo que se ha enterrado ahora es algo más que a Montesquieu, con ser eso mucho. Lo que se ha enterrado es la realidad misma de la representación, y con ella la del viejo principio, tan indisolublemente unido a nuestra tradición política de la libertad, según el cual no puede haber impuesto sin representación: *no taxation without representation*. Cuando el Gobierno se siente con poder suficiente para decirle a la sociedad, con palabras de Marx: «Haced lo que queráis. Pagad lo que debéis»[49], sin más límite que su propia conveniencia, se puede tener por cierto que la tiranía ha sustituido

---

49 *Crítica de la Filosofía del Estado de Hegel*, Editorial Biblioteca Nueva, Madrid, 2002, p. 136.

a la libertad, no importa con qué ropaje democrático se vista. Porque, tal y como observara Burke «con su sabiduría política»: «La Constitución depende, a fin de cuentas, del sistema tributario, y variará con arreglo a las variaciones que ocurran en el sistema»[50]. La idea es, pues, recurrente. Si la representación se convierte en poder, ¿quién representará a los ciudadanos frente al poder? ¿quién defenderá sus intereses y derechos cuando al poder le interese abrogarlos? La libertad política requiere de la distinción de representación y poder. Y requiere, sobre todo, de *la distinción de quien tiene la ejecución del gasto público respecto de quienes deben otorgarlo*. «El de otorgar subsidios a la Corona de que está en posesión el pueblo inglés —observa de Lolme—, es la salvaguardia de todas las demás libertades religiosas y civiles». La cosa no admite dudas, pues ¿qué libertad real tendría nadie si su patrimonio estuviese sometido a la voluntad arbitraria del gobernante? Como con toda naturalidad recuerda este mismo autor: «Uno de los principales efectos del derecho de propiedad es que el rey (vale decir ahora el Gobierno) no puede quitar a sus vasallos nada de lo que poseen: tiene que esperar a que ellos mismos se lo concedan». Se trata de un respeto de la propiedad que, a su juicio, es «el baluarte que defiende todos los demás» y «produce también el efecto inmediato de precaver una de las principales causas de opresión»[51]. Y esto es lo que ha quedado sin

---

50 Burke, E., *Reflexiones sobre la Revolución francesa*, ob. cit., 1979, p. 429.

51 *La Constitución de Inglaterra*, Centro de Estudios Políticos y Constitucionales, Madrid, 1992, p. 469. De esta misma opinión es Sir James Mackintosh, para quien la Carta Magna al establecer el derecho de no sufrir impuestos sin consentimiento constituyó el

efecto con el advenimiento del parlamentarismo de raíz revolucionaria.

Porque es aquí, y no en otro sitio, donde se encuentra la diferencia radical entre el parlamento tradicional y el progresista surgido de las tesis revolucionarias. Pues como certeramente señala una vez más Bertrand de Jouvenel: «Es un error común, pero enorme, confundir una asamblea convocada con el fin de conceder subsidios, con un Parlamento moderno, y decir que se trata en uno y otro caso de un consentimiento popular al impuesto. Actualmente, el Parlamento no tiene, en absoluto, el carácter de una asamblea de contribuyentes. Tiene el carácter de un soberano que cobra impuestos a su gusto»[52]. Y este es el factor decisivo porque, en palabras de Burke, «las grandes batallas por la libertad se produjeron, principalmente, por causa de la cuestión de impuestos»[53]. Así ha sido en el pasado, y si el espíritu de libertad, tan característico de nuestra civilización, retorna a Europa, con seguridad será así en un futuro, que Dios quiera que sea próximo.

«escudo de la libertad». En cambio, Walter Bagehot opina que este derecho es más «un resultado y una floración de la libertad y no su sustrato o su causa» (*The English Constitution*, Dolphin Books, NY, S/F, p. 300).

52 *El Principado*, ob. cit., p. 188.

53 Burke, E. «Speech on Conciliation with America», pronunciado en la Cámara de los Comunes el 22 de marzo de 1775 (Cit. en Beloff, M. [Ed.], *The Debate on the American Revolution*, Dobbs Ferry, NY, 1989, p. 206).

Conclusión
La urgencia de ser conservador

A lo largo de estas páginas, hemos defendido que la mentalidad revolucionaria descansa de un modo muy particular en la prevalencia del experimento sobre la experiencia. Determinar en qué consiste este experimento no ofrece una especial dificultad. Si partimos de considerar que una civilización es una edificación simbólica capaz de dotar de orden y sentido una vida compartida entre los hombres, la Revolución ha consistido en la transmutación de todos estos símbolos civilizatorios, con la intención de generar un orden social nuevo a partir de sí misma. Tampoco presenta a estas alturas de la historia una especial dificultad la comprobación de la infecundidad de su intento y, por tanto, la constatación de su fracaso, pues es algo que está ante los ojos de cualquiera que lo quiera ver y no opte por un voluntario «rechazo a percibir». La conocida frase de James Burnham acerca de que el progresismo (*liberalism*) es la ideología del suicidio de Occidente gana, cada día que pasa, la fuerza de una profecía cumplida. Lo difícil se halla, a nuestro juicio, en saber qué sabiduría hemos obtenido y qué hemos aprendido de la experiencia de este experimento. Necesitamos comprender qué hemos vivido y padecido con la Revolución, comenzando por sus causas. Y, a nuestro juicio, lo primero que pide la prudencia es huir de dos posibles errores. El primero de ellos consistiría en pensar que la sociedad previa a la revolución era esencialmente justa y buena, pero que todo se echó a perder cuando una minoría de *philosophes* tramó una conjura exitosa, frente a la cual las fuerzas sanas y religiosas de la sociedad no pudieron o no supieron hacer frente. El otro error sería el contrario, es decir, pensar que todo fue el resultado de un movimiento más o menos espontáneo de la sociedad que, en su ansia por adquirir mayor libertad e igualdad frente a las insoportables injusticias del Antiguo Régimen se alzó en rebeldía y tuvo tanto éxito que la rebeldía se transformó, aun sin pretenderlo, en revolución. Para esta segunda tesis, la conspiración, o bien no existió o, de existir, careció de importancia a la hora de determinar el decurso de los acontecimientos. Frente a esta última tesis, hay que decir que la conspiración existió, que fue real, pero que no hubiera tenido éxito sin que las condiciones sociales y el desorden existente no hubieran sido propicios para su triunfo. El campo no hubiera ardido de no estar la yerba seca. Esta es, nos parece, la hipótesis más prudente y que más se acerca a la verdad.

Según Eric Voegelin, un orden simbólico —y recordemos que, en esencia, en esto consiste una civilización—, pierde su vitalidad cuando sus símbolos se han separado de las experiencias fundamentales que le dieron origen. Los símbolos pueden permanecer de diversas formas, e incluso se les puede continuar venerando y rindiendo culto exteriormente, pero han dejado de ser ocasión para una experiencia viva con lo simbolizado, con la consecuencia inevitable del ocultamiento total o parcial de su significado. Se habría operado así una escisión entre el orden del alma y el orden social. Cuando esto sucede, este orden social y político se esclerotiza y queda reducido a una carcasa carente de un principio de vida interna que lo anime y renueve. El alma, por su parte, no quedará inmune con dicha escisión, sino que, como sucede siempre que se opera una ruptura del nexo entre dos cosas que de suyo debían permanecer unidas, sufrirá una especie de marchitamiento de sus impulsos más fundamentales. Y en particular del más fundamental de todos ellos, que no es otro que la orientación radical del alma en su búsqueda de Dios.

En términos de tradición occidental, el origen de esta pérdida de sustancia vital radicaría en la separación acontecida entre una teología «escolástica» y una teología «mística», acaecida tras la prodigiosa síntesis realizada por Tomás de Aquino en el siglo XIII. Según esto, la teología mística continuó con su búsqueda, un tanto angustiosa, del tipo de experiencias que remitían al fundamento divino de la vida, pero acusando la pérdida progresiva del polo racional y filosófico inherente al esplendor de nuestra tradición. Por su parte, la teología escolástica continuó su obra racionalizadora de los grandes símbolos de la revelación, pero reduciéndola, aun sin pretenderlo, a «verdades» meramente «doctrinarias» y de «razón»; a un conjunto de verdades que solo pedirían del creyente un asentimiento intelectual, «nocional», diría Newman, con abandono de su dimensión experiencial. Pero lo que no se experimenta no se vive y, en cierto sentido, permanece desconocido. Así pues, aún más originaria que la escisión entre razón y fe, consumada por la Reforma protestante, fue la escisión operada dentro de la misma fe cristiana entre la experiencia de una búsqueda existencial del fundamento divino del alma y del mundo y el dato de la revelación. En otras palabras, la crisis de Occidente habría tomado causa de la separación entre la pregunta por la verdad del origen y la respuesta acerca de esa misma verdad originaria proporcionada por la revelación. Cuando la pregunta comenzó a marchitarse lo hizo igualmente la respuesta.

No está en manos de ningún movimiento político la posibilidad de suturar la escisión de los grandes símbolos de la fe cristiana con las experiencias de las que nacieron. Pero lo que el conservatismo sí puede hacer es llevar al espacio público la pertinencia de un sentido religioso común a todo hombre. Una dimensión que, en términos de santo Tomás, corresponde a la ley natural y no al plano de la gracia.

La ley natural, tal y como fue teorizada por la tradición de pensamiento occidental, es la base de todo pensamiento conservador. Según santo Tomás, la orientación más definitiva de la ley natural es la búsqueda de la verdad sobre Dios a través de su dimensión social. Y la virtud sobre la que se articula la vida en sociedad es la justicia. Desde esta perspectiva, el conservatismo bien puede ser considerado como una meditación sobre la justicia, pero de una justicia «juscéntrica», es decir, de una justicia que presupone la existencia de derechos previamente existentes. Porque, como ya se señaló en el capítulo X, únicamente cuando existe una cosa ya atribuida a alguien —un derecho— es que se genera en los demás una obligación de respeto o restitución, según la clásica fórmula *suum cuique tribuendi*. Solo porque existe algo que es de alguien es por lo que los demás —uno, muchos o todos— se hallan en la obligación de «darlo».

Esta concepción en estrecha dependencia de las teorizaciones romanas y medievales de la justicia se completa, sin embargo, con una idea de raigambre característicamente platónica, a saber: hay justicia cuando *cada cual hace lo suyo*. ¿Cómo hay que entender esto? Lo primero que emerge de esta idea es que la sociedad es una densa trama de funciones, oficios, cargas y responsabilidades. No sin cierta paradoja se podría decir que si todos atendieran debidamente a lo suyo el resultado no sería otro que una armonía de conjunto que bien puede denominarse *justicia*. Y lo mismo cabe decir de los grupos sociales. También estos están llamados *a hacer lo suyo*. Una empresa, por ejemplo, cumple su función social cuando comercializa aquello para lo que se constituyó, sin que se le deba añadir ninguna «función social» más. Pero volviendo a los individuos, sucede que no se atenderá debidamente la responsabilidad propia de cada uno si no se está en el puesto que sea más ajustado a sus cualidades y preparación. Para que alguien haga bien lo *suyo*, lo primero que se requiere es que se halle en *su* puesto. Idealmente, cada uno debería dedicarse a aquello para lo que *sirve*, y no para otra cosa. Se introduce, así, un principio de meritocracia según el cual no todos están preparados, por unas razones u otras, para hacer las mismas cosas ni para asumir las mismas responsabilidades. Y cuanto más se ascienda en la jerarquía social más se agudizará la necesidad de este principio meritocrático. De modo que la clase dirigente debería estar compuesta, en la medida de lo posible, por los *mejores*. Cualificación esta que comprende tanto un sentido de preparación «profesional» como de virtud moral. El conservatismo, por tanto, asume una posición antiigualitaria, precisamente en la medida que postula un orden social justo en el que se da a cada uno lo suyo, pero no a todos lo mismo. Pues si la desigualdad puede ser injusta en ocasiones, la igualdad estricta lo es siempre. Conclusión que se torna evidente en cuanto se considera que lo que la justicia exige es tratar igual lo que es igual, pero no lo que es desigual. Es por ello por lo que el conservatismo rechaza la idea de una igualdad absoluta no solo por lo que esta tiene de utópica, sino —y, sobre todo—, por lo que tiene de indeseable e injusta. Sin complejo alguno, la propuesta conservadora asume la existencia de una rica diversidad de tipos humanos sobre el trasfondo común que viene dado por la participación de todo hombre en una misma naturaleza. No extraña, por tanto, que la igualdad ante la ley se combine con una desigualdad de resultados, dada la diversidad de aptitudes y virtudes humanas.

Una teoría de la justicia conservadora no quedaría completa sin una referencia a la idea de fuerte raigambre tomista de bien común. Según santo Tomás, bien común y fin común son términos *convertibles*, que es lo mismo que decir coincidentes. El bien común, por tanto, se identifica con la razón o el fin por el que los hombres forman comunidades políticas. Y la variedad de respuestas a la pregunta por el fin de la sociedad ya definen una pluralidad de formas de pensamiento político. Así, por ejemplo, para Hobbes, el fin del Estado es la conservación de la vida. En Locke, esta finalidad se amplía a la propiedad y a un núcleo básico de libertades. Una propuesta conservadora, en tanto que heredera de los grandes pensadores clásicos de Grecia y Roma, asumiría sin dificultad lo señalado por Hobbes y Locke, pero lo integraría en un concepto más amplio y omniabarcante, en el concepto de *vida buena*. Por supuesto que la sociedad tiene como misión primaria la defensa de la vida y de los bienes de los miembros que la componen, pero esta defensa requiere de las notas propias de lo humano. Es decir, requiere de un mínimo de libertad y virtud, sin las cuales lo humano del hombre se degrada. En consecuencia, además de una cantidad suficiente de bienes exteriores y relativos al cuerpo y a la salud, el hombre vive y se «alimenta» de bienes de un orden más elevado que no pueden ser alcanzados sin la participación de sus semejantes. Bienes como el honor, la amistad, la generosidad o el amor hablan de una dimensión social inherente a la vida humana. De modo que el hombre forma sociedades para vivir no de cualquier modo, sino para vivir del modo más humano y pleno posible. Idea que también podría ser expresada en términos de felicidad. Pues lo que todos buscan es alguna forma de felicidad, y a esto se dirige, consciente o inconscientemente, toda la actividad del hombre. Por lo que la vida buena, en cuanto se corresponde con una idea de felicidad, es la razón última de la vida social.

De estas consideraciones pueden extraerse algunas conclusiones de la máxima importancia para un planteamiento correcto de la vida humana en general y de la vida política en particular. La primera de estas conclusiones es que las comunidades existen para los individuos y no al revés. El fin de toda comunidad política es que sus miembros alcancen la mejor y más humana vida posible. En su fundamento ontológico, la sociedad *es* para el hombre y no el hombre para la sociedad. Pero este principio tiene su reverso, pues desde la perspectiva de la realización moral de la persona, hay que decir que esta alcanza esa plenitud buscada en la medida en que sabe ponerse al servicio de esa misma comunidad constituida para su bien. Se crea así una circularidad virtuosa, por cuanto se parte de la idea de que todo el orden social se constituye en favor del individuo, por lo que queda de este modo excluida toda forma de colectivismo. De otra parte, sin embargo, el individuo en su búsqueda de realización como sujeto moral alcanza la mejor versión de sí mismo y es más feliz cuando se sabe al servicio de un fin más alto que él mismo, y que no es otro que la propia comunidad de la que forma parte.

Con esta ordenación del individuo y de los grupos sociales intermedios al bien de la comunidad política se supera igualmente toda tendencia disgregadora propia del individualismo liberal. El conservador evita con este planteamiento los excesos del individualismo y del colectivismo, pues considera que ni uno ni otro encajan en su forma de entender lo político. Porque, si por un lado rechaza la idea de que lo colectivo o común puede cumplirse al margen y por encima del bien de los individuos; de otro, entiende que la sociedad es algo más que la mera suma de los individuos que la componen, por cuanto además de los individuos y los grupos sociales debe considerarse la existencia de una *forma* adecuada a ese conjunto de grupos y personas, una forma que consiste en un orden articulado precisamente sobre la base de la primacía del bien común, que no es otro que el fin comunitariamente buscado.

Si la virtud de la justicia se articula sobre el principio de dar al otro lo suyo, ¿qué sucede cuándo lo debido a otro es algo que por definición no puede ser devuelto o restituido? Porque ¿cómo se puede «pagar» a alguien que es fuente y origen de la vida, entendida esta en su más amplio sentido? En realidad, no cabe otra forma de «pago» o restitución que la del reconocimiento agradecido de dicha deuda, de una deuda que, por definición, es impagable. Y ese reconocimiento agradecido es la piedad. La piedad se practica, por tanto, con aquellos a los que, sencillamente, les debemos lo que somos. Y la identificación más inmediata de aquellos con los que tenemos esta deuda son los padres. Los padres son los «dadores» por antonomasia. Pero los padres fueron a su vez hijos y tuvieron otros padres, por lo que proceden de otros a los que la vida presente le es igualmente deudora, pues esos «padres-antepasados» son también fuente y origen de la vida de la última generación venida al mundo. En otras palabras, no es posible pensar en los padres sin remontarse a los padres de los padres en una cadena ininterrumpida de generaciones. Pero ¿hasta dónde llegar? Pues hasta el final, es decir, hasta el origen o, al menos, hasta lo más próximo al origen. Y para el común de los pueblos, este origen ostenta, por definición, una condición divina, y de ahí que este sentido de veneración y reconocimiento de la fuente última y más originaria de la vida entronque directamente con el sentido religioso de toda la humanidad. La *pietas* remite así a la *religio*, que nos evocaría a su vez a la idea de una *religación* del hombre con este origen divino de la vida. Pues bien, nada tan conservador para la vida de los pueblos como este principio religioso. Porque este reconocimiento sincero del origen de la vida *es* origen de vida. En el hombre, dada su naturaleza racional y libre, todo está mediado por su libre albedrío, por lo que en el ámbito de la moralidad nada sucede mecánicamente y pende de poderosas decisiones. Razón por la que si un pueblo, o un hombre, en uso de su libertad no se adhiere a la fuente de la vida y no le rinde su debido culto, esta deja, misteriosamente, de discurrir para él, se ciega. Y muy por encima de cualquier otra causa, el conservador no duda en absoluto que las sociedades occidentales se han tornado crecientemente estériles por esta pérdida de religiosidad, una pérdida, y esto debe ser subrayado, que es el resultado de una «decisión». Las élites occidentales, y el conjunto de sus pueblos con ellas bajo su influjo, han decidido prescindir de la fe de sus mayores. Y esta decisión es una revolución. O mejor, es *la* Revolución.

Que la consecuencia última de esta Revolución haya sido una caída drástica de la natalidad no es algo que debiera causar sorpresa. Ahora bien, ¿hace falta decir que esta infecundidad para un pueblo es sinónimo de muerte? Lo curioso, y misterioso, es que estas élites han asumido conscientemente, si es que no lo han pretendido directamente, la «extraña muerte de Europa», según reza la obra de Duglas Murray. Entre la Revolución y la Vida, han elegido la primera. Porque, como aseguraba Augusto Comte, *la demografía es el destino*. Así pues, solo en la medida que justicia y piedad se constituyan en *virtus*, es decir, en una energía operativa y eficaz en un número suficiente de hombres y mujeres la conservación de la civilización será una opción real.

Comenzamos este pequeño ensayo sobre el conservatismo señalando que este consiste en salvar aquellos vínculos en virtud de los cuales las cosas permanecen sin corromperse o desaparecer. Y cómo, en este sentido, se contraponían los términos latinos *conservator y corruptor*, al considerar que esta última palabra aludía precisamente a ese carácter de (co)*ruptura* de algún vínculo esencial para la pervivencia de una cosa. Pues bien, para un verdadero conservador el mayor y principal vínculo existente en un pueblo, el vínculo por excelencia que le hace ser y existir es precisamente el del sentido religioso. Por lo que la tesis conservadora descansa sobre esta premisa fundamental, a saber, que cuando un pueblo pierde el culto debido que le religa con la divinidad ha caído en una corrupción radical y con ella ha entrado en el camino de su perdición.

¿Hay alguien que ame la vida y desee días de prosperidad?
Si a esta pregunta del salmista todavía existen hombres y mujeres en disposición de responder que sí, con todas las consecuencias, entonces el conservatismo tiene futuro. Bastan unos pocos.

Este libro
se terminó de editar
el 10 de mayo de 2025,
San Juan de Ávila.